语言与文化

论坛

2020年

Forums of Language and Culture

第四辑

叶兴国 余 玲 主编

九州出版社

JIUZHOUPRESS

图书在版编目（CIP）数据

语言与文化论坛. 2020年. 第四辑 / 叶兴国，余玲
主编. -- 北京：九州出版社，2020.11
　　ISBN 978-7-5108-9908-9

　　Ⅰ．①语… Ⅱ．①叶… ②余… Ⅲ．①社会科学－文
集 Ⅳ．①C53

中国版本图书馆CIP数据核字(2020)第233523号

语言与文化论坛. 2020年. 第四辑

作　者	叶兴国　余　玲　主编
出版发行	九州出版社
地　址	北京市西城区阜外大街甲35号(100037)
发行电话	(010)68992190/3/5/6
网　址	www.jiuzhoupress.com
电子信箱	jiuzhou@jiuzhoupress.com
印　刷	三河市华晨印务有限公司
开　本	787毫米×1092毫米　16开
印　张	10
字　数	220千字
版　次	2020年11月第1版
印　次	2020年11月第1次印刷
书　号	ISBN 978-7-5108-9908-9
定　价	45.00元

主　　办　浙江越秀外国语学院

《语言与文化论坛》编委会

主　　任　徐真华　费君清（特邀）
主　　编　叶兴国　余　玲（执行）

学术顾问（按姓氏笔画为序）
于晓宇　王　宏　王　峰　冉永平　孙玉华
孙绍振　齐沪扬　吴秀明　宋协毅　张　江
陈众议　陈　龙　陈思和　陆经生　陆建德
胡剑锋　修　刚　聂珍钊　贾文键　曹德明

编　　委（按姓氏笔画为序）
王宗杰　史忠义　朱文斌　刘家思　许金龙
李建英　李贵苍　杨小平　杨爱军　吴国良
吴　笛　何建乐　何海翔　余卫华　张仕英
张　明　陈文涛　金健人　周颂伦　赵海峰
栾　栋　戚宏波　葛金玲　韩岳峰　魏大海
魏小琳　Georges Ubbelohde
编　　务
陈俊伊　陈晓烨

前　言

　　语言与文化的关系问题是一个跨学科的研究课题，目前已有很多学者对其进行了讨论，并产生了很多研究成果。该研究覆盖面较大，既包括语言与文化之间关系的宏观分析，又包括不同民族的文化心理、风俗习惯、文学作品等关于语言与文化特征的具体介绍，还包括语言的多种社会功能以及文化对语言形式产生的影响。

　　《语言与文化论坛》为综合性人文学术出版物，由浙江越秀外国语学院主办、九州出版社（中央一级综合性出版机构）出版。本书坚持以会通中外语言文化、关注学科发展前沿、注重基础应用研究、促进人文学术交流为宗旨，探讨不同语言与文化理论、交流最新研究动态，挖掘语言与文化多元化特征，力求结合地方文化，聚焦社会热点，凸显学科特色，塑造属于本书自身独特的生命力和吸引力。

　　论坛特稿栏目关注学科发展前沿，展现最新学术成果。收录的《试论中西方本体思想的差异》从中西方针对人和物质不同的思想差异入手，探讨了中华民族的和谐观以及西方非此即彼的逻辑思维模式。

　　项目动态追踪栏目注重交流最新项目动态。《西方文明究竟何以兴盛？——评〈西方大国崛起的文化再生机制〉》从专著《西方大国崛起的文化再生机制》展开论述，对西方文明的演化趋势进行了深入解读，从而探究西方文明兴盛的文化根源、揭示西方文明兴盛的原生机制。

　　外国文学与比较文学研究栏目收录了《论歌德的爱情观》《海因里希·冯·克莱斯特和鲁迅小说中女性形象的跨时空对话》《日本的蛇信仰与百越的蛇图腾崇拜考略》等三篇论文，探讨了中国与西方针对爱情、女性、图腾的不同观念。

　　外语教育教学研究栏目注重基础应用研究。本辑收录了三篇深度分析外语教学模式的论文。分别是：《德语课程中的文化研究和教学》《高校俄语专业教学与教学法研究现状及启示》《线上线下融合式思辨英语教学探索——以〈综合英语〉4单元教学为例》。

　　语言学及应用语言学研究栏目收录了三篇论文。《中印边境对峙新闻话语策略研究》力求开辟新闻话语分析的新视角，拓宽话语分析的视野，促进话语分析研究的发展，构建我国主流媒体的话语策略，从而有利于我国掌握中印交流的主动权。《葡萄牙语语法研究——以无主句和不确定主语为例》聚焦葡萄牙语语法，以无主句和不确定主语为例，通过整理国内外权威语法著作和教材关于两者的解释并对比分析，探讨其概念和用法，为关联性研究和葡萄牙语语法教学改革提供理论基础。《关联理论认知语境观及其对隐喻理解的影响研究》从"认知语境"这个概念入手，探究其在隐喻中的语用理解。

青年学者园地栏目更是呈现出多元化的学术成果。《城乡一体化与农村公共文化优先发展——新型城镇化背景下的城乡文化冲突与融合》以新型城镇化为背景，就新型城镇化发展对城市文化和乡村文化带来的影响为切入点，探讨我国新型城镇化背景下城市文化与乡村文化的冲突与融合问题，具有较强的理论意义和现实价值。《外语教学领域吸收的若干跨文化交际概念——以 *Principles of Language Learning and Teaching* 的六个版本为例》梳理了语言教学的跨文化研究动态，归纳了其阶段性特点以及对外语教学的启示。《以德国五大超市为例分析商业广告语中言外行为类型的运用与功能》探讨了不同类别的言外行为对商业广告产生的不同效果。

《语言与文化论坛》收录的论文理论多元，视角多样，既反映了当代语言与文化研究领域最新的研究成果，又符合《语言与文化论坛》多元化的宗旨。希望本论丛能够一如既往地得到海内外从事中外人文社科研究，尤其是外国语言文学研究的专家、学者和校内外同仁的支持和热爱。

目 录

论坛特稿

试论中西方本体思想的差异

◎史忠义　栾　栋

本体包含人与物质。本体思想即如何认识人和物质的思想。我们通常所说的西方的本体论只是西方本体思想的一部分，且常常是互相矛盾、不易确立的一部分。

毛泽东曾经说过："人类的历史，就是一个不断地从必然王国走向自由王国的历史。"这本是一个适用于全人类的论述，但是我们在具体观照中西方的本体思想史的历史事实中发现，西方从柏拉图、亚里士多德直到 20 世纪的海德格尔都一直追求必然，奉必然为金科玉律，而华夏民族远在高古时代就走出了必然王国，而追求自由王国。

必然性是西方本体思想的主导概念，即探寻唯一的、单义的、消除了感性矛盾的确凿无疑的绝对统一的东西。这种思想与毛泽东所说的必然王国的基本词义是相同的。毛泽东说的是受制于必然王国的束缚，而西方的本体思想一直在追求必然。

柏拉图的理念论和实质论名闻遐迩。意思是说，当人们询问"何谓 X"时，X 的理念或实质反馈到知性世界，而 X 的物体本身属于感性世界。逻各斯的排他性是它的必然性，这等于说，排他性的必然性就成为逻各斯的标准。柏拉图称之为证明的毋容置疑性（apodicticité，apodeixis）。柏拉图渴望这种逻各斯，以避免意见的多重性和感性混沌的不确定性，他以为苏格拉底重视询问的思想必然导致意见纷繁、不知所宗的结局，使人们无法行动。

笔者以为，柏拉图在谈论美诺悖论时，其实把问题绝对化了：问代表着全然无知，知就是完全知道，根本无需提问。这种思维逻辑本身就是一种必然性的体现。其实在大千世界中，人们思想的存在真相恰恰在这两者之间。知之不多，尚有不少疑惑，提问完全是自然而然的事情；获得一些回答之后，可能还没有完全解决问题，或者后边还会碰到其他问题，所以再提问也是很自然的事情。

亚里士多德从认识论的角度认为，美诺悖论是必须解决的二律背反现象，他把这个矛盾也视为绝对根本性的矛盾，这说明他把这个问题也看得很严重。亚里士多德认为，科学知识以毋容置疑的必然真理为宗旨。从永远假设并具有偶然属性的感性世界出发，建立科学、建立知识既是不可能的，也是不能接受的，两者都不可能是科学知识（《分析续论》（ les Secondes Analytiques ）。这是他对科学知识性质的认识。亚里士多德提出了他的命题理论。一方面，这是知识界的一场真正的革命：抛弃只知道必然性的理念论，促进一种以整合多元性、偶发性和可以是非 A 的 A 为核心的新视野，这种新视野没有使非本体因此而获得"公民权"。另一方面，本体的东西必然是自我的东西，怎么可能又是他者呢？单一性本体至少先验性地从内在可能性方面是多重的，但并未停止其自身属性，即停止自己的必然性。它不可能在同一关系（不矛盾律）下既是一又是多。亚里士多德解释说，本体从主体身份言是一，从谓语身份言是多。谓语的多重性被归结为几大组，他称之为（本体的）类型。

命题主义是在不矛盾律的支持下出现的：P／非P的交替并非像人们可能担心的那样是同一个问题的表达。P和非P最好时可以相继用作主语S的谓语，在这种情况下，每次只能有一个命题，或者只能有一个真正的命题和一个错误的被排除的命题。必然如此。逻各斯保留着作为规范性的毋庸置疑性，因为主体的兼爱（pathos，情感）的多重性毁灭在主体（必然的）统一性中。亚里士多德就这样用命题理论调和了必然性与偶然性的矛盾，既抛弃了只知道必然性的理念论，又保持主体（主语）的必然性。亚里士多德的后两重思想提出了命题论，用主体是一、谓语是多的机巧思想论证逻各斯的规范性，体现了他的灵活性。然而，主语的同一性似乎是形式上的一种必然性，它的大部分表语只能是偶然性的，似乎都吸纳在主语的强制性的统一性中。

更有甚之，判断范畴的四大律则即不矛盾律、理由律、同一律和排中律本身也是有问题的，它们的基本特征和缺陷就是预期理由、循环性，包括整体的循环、基石的循环和存在的循环。循环性即不断地互相论证、自圆其说，不一定符合实在和真实，即不一定反映客观真理。命题主义的前提本身是假设的，假设的东西怎么可能必然导致客观真理呢？但是从亚里士多德起，这是西方自然科学研究的基本路径，而西方自然科学研究沿着这种路径取得了大量的成果。怎么解释这种悖论现象呢？笔者以为，那是因为命题主义性质的自然科学研究的假设实际上建立在以前大量研究的基础上，不是一种随意的假设；加上西方的自然科学研究一直重视实验，用实验验证研究结果，所以能够获得大量的科研成果。即令如此，如果基础发生变化，大量的科研成果都会被重新阐释，都会显示出它们暂时真理而非终极真理的真相。量子力学的出现就颠覆了以前大量的所谓"科学结论"。所以，比利时布鲁塞尔自由大学的哲学兼修辞学教授米歇尔·梅耶（Michel Meyer）就从问题学哲学和历史性概念的视野出发，把判断范畴的四大律则重新解释并改造为真正的回答范畴的四大律则，并恰当地指出，判断范畴是回答范畴的一种特殊情况。

海德格尔想通过打碎"一与多"的同一性而解决主语的强制性统一与大部分表语只能是偶然的这个矛盾，把所是命题化。统一性的本体将是本是（Sein），而多重性将被称作"现是"（"此在"，l'étant, das Seiende）。海德格尔这种做法等于同时提出了如何接触本是的问题（这个问题被亚里士多德通过"主语是谓语"、由谓语承担的命题性对等具体解决了）。由于这个做法，在海德格尔那里，本是超越了言语，它是本体。现是是本体的表象。本体是本质性的存在，现是是阶段性的、当下的物质显现。人们不再可能通过"默听"而与本体关联起来，必然通过现是。在第一阶段，海德格尔确实采纳了一种更合乎理性的方法，把与本体（本是，存在）关联的可能性置于"人类的实在"（Dasein，现是，此在）中。我们从那里重新找到了分析与综合、从我们心中某种先前性出发的认识秩序与拥有另一类型的先前性、即分析所导致的自身先前性出发的物质秩序的古老分离。感觉、感性，一言以蔽之，人文拥有的根基不同于物质秩序自身固有的根基，后者传统上以上帝为绝对根基。在海德格尔那里，这种双重结构像在所有命题主义那里一样。本体真正的第一被隐藏在似乎向我们显现的第一（此在）里。作为现是的本体隐藏起来了，同时展示出来，但是通过一种预先的感性关系，它永远被作为"现是"（此在）。被很好理解的命题主义会导向主要管理逻辑—实验验证这种程序的科学，而非导向本体论，而本体论仍然关注命题主义的建立，把本体陈述为任何根基、任何必然性的源泉。形而上学是这种建立的场域。

在这里，亚里士多德与海德格尔的路径不再重合：海德格尔选择了本体论来抨击命题性和认识基（l'épistémè），而亚里士多德则进行了相反的选择，但是我们发现，命题主义与本体论是分不开的。不管是亚里士多德还是海德格尔，都无法躲开他们拒斥的交替现象。换言之，时代的差距使他们未能找到相同的语言来表达近乎同样的内涵。海德格尔称作本体论的东西、本是与现是的差异、彰显了人文秩序和物质秩序双重更复杂关系的东西，亚里士多德谓之曰命题主义或主谓语的同一。

但是，华夏文明的高古时代，已经走出了必然王国，而在自由王国中徜徉。这主要体现为《连山》《归藏》和《周易》的辟思运动。夏继《连山》、商用《归藏》、周演《周易》，辟思的艺术在不断出新。郑玄在《易赞》中说："《连山》者，象山之出云，连连不绝。《归藏》者，万物莫不归藏于其中。《周易》者，言易道周普，无所不备。"《连山》具有引导性的核心观念是天地人神时的辟开辟合。我们还可从神性诗歌的角度视之。神话和传说中的伏羲、黄帝、炎帝、蚩尤都是吟诗的高手，至少从那时起，包括风雨大地在内的神性是贯穿诗歌史的基本线索之一。

华夏民族的人性诗歌也可以追溯到很古老的年代。从《尚书·尧典》中可以看出，四方之"神"已经变成四方之"民"，诗歌之"神"变成了诗言之"志"。人性诗歌也有自己的岁月遗痕，尧舜时代的人性诗歌是其第一个回环，周孔时段的人性诗歌是其第二个轴心，近代以来亦中亦西的人性诗歌纷繁，可以看作第三个回合。

神性诗歌为主调之时，人性诗歌处于"谐音"；而当人性诗歌畅行九州大地时，神性诗歌变为"潜龙"。从远古到西周，"三易"是神性诗歌的主旋律。从《诗经》到当今，情志是人性诗歌的高格调。

诗性的渊薮在哪里？在缘域。缘域不设置必然，没有必然的锁链。天启地孕中有缘域，自然人文间有缘域，人文自然中有缘域，歌谣俚语中也有缘域。就远古上古人类对世界的想象而言，许许多多的故事开显了缘域。盘古化出了宇宙，宙斯统领着众神，伊甸园情窦初开，山海间精灵出没，还有女娲的补天造人，夸父的逐日弃杖，如许神话与巫话，无不蕴含着自然人文里的山林荒诞。《论语》里仁，《诗经》无邪，《楚辞》忧伤，《史记》孤愤，此类古代典籍见得出人文自然中的社稷史诗。而如《周易》几神，荷马行吟，《老子》无为，《庄子》逍遥，《旧约》创世，《新约》拯救，其中的出神入化也可看作天地神人间的交相养护。不论是荒诞的神话，社稷的史诗，抑或乾坤的厚爱，宗教的超升，在诗性智慧的意义上，都可以归之于神思。神思与缘域，互为表里，都透露着自由精神。对缘域深入的解析，莫过于对神思的探讨。神思者，神骏、神游和神化之谓也。诗性的开拓，神思的精髓，中西方是相同的。

另一项运动便是春秋战国时百花齐放百家争鸣的思想生成运动。其最突出的文献就是《道德经》《论语》《孟子》《列子》《庄子》《山海经》《荀子》《国语》《史记》《淮南子》等典籍。思想的生发是根本性的辟思，可概括为天地心、圣贤心和百姓心。三心是文心或道心的体现。文心是天地心、圣贤心、百姓心的和衷共济。这个时期以柏拉图和亚里士多德为代表的西方思想运动则着力建构以必然性为核心的逻各斯。

笔者曾经在其他地方说过，除了运动变化的思想外，易的感应思想的前提是感物，这说明易本身即是中国古代的辩证唯物论思想。我们现在不妨再补充说，易所包含的生生不息的思想即是西方的生命哲学，易蕴含着物质不灭的思想，蕴含着西方的差异和历史性思想，蕴含着叩问、回答、再叩问以至无穷的辩证思想。

阴阳既包括一分为二，也包括合二而一。阴阳是对立统一的体现。过去把一分为二与合二而一对立起来是匪夷所思的事情。它们是事物存在、变化的两种形态和两种解释。

道乃宇宙之道，大自然之道，人文之道，德之道，国家社稷和社会群体之道。道可以把《诗经》《尚书》《仪礼》《乐经》《周易》《春秋》这六经囊括在内。中国文化中既没有秘索思概念，也没有逻各斯概念。道把它们囊括融会在一起。道既是一元论，也是多元论，一即是多，多即是一。易和道都是辟文化现象。

中国远古的原始文化就有辟思的因子。八千年前内蒙古赤峰附近的兴隆洼文化、六千年前安徽的凌家滩文化、陕西蓝田的旧石器遗址、云南元谋、北京周口店、湖南永州道县玉蟾洞原始文化遗址的考古均说明，中国原始社会的居民在采摘、渔猎、养殖、耕作等方面均有不凡的起点。永州道县玉蟾洞考古发现证明，早在一万二千多年前，这里就有了相对成熟的原始农业和原始制陶业，远古文明已相当发达。后来各地涌现的原始文化，都让人震惊不已。河姆渡以玉琮为象征的盖天文化，牛河梁以玉龙、玉龟为标志的红山文化河南、陕西以渔猎为特征的仰韶文化，青海、甘肃以蛙纹和舞蹈图案为主题的马家窑文化，都披露出一个重要信息，中国原始文化经历过一个满天星斗式的辟创生发时期。

文源于道，是中国古代思想家对文学本源问题最深切的理解。道是缘域化境的启蔽，是阴阳差异的通变，是形上形下的冥合，是本真灵气的诗化。因而，道不是逻各斯，也不是认知论的主客观，所谓"形而上者谓之道，形而下者谓之器"乃是战国学者对道的分解。道器互化，可备一说，但是分道于上下，离道已远。观于古易，这一层不难理解。老子和孔子深谙化感通变的缘域消息。《淮南子》（又名《淮南鸿烈》）、《文心雕龙》等古代元典对此恪守不渝。纪昀盛赞刘勰"原道"即"明道"，实在是一个真知灼见。原道与源道，名异而实通。原道是正本清源，源道是源头起解。两个提法殊途同归于道之根本处。"明道"则是体道、悟道而且与道俱化的行为。以"明道"释"原道"，是把原点与终点、来龙与去脉、目的与手段，小处予以圆融，大处通和致化。"文原于道，明其本然，识其本乃不逐其末。"

西方以必然论为核心的本体思想的神学根基是上帝创始说。上帝创世说视上帝为宇宙万物和人类的创造者，而宇宙万物和人类则是上帝所造之物。这种宇宙观以执一为必然，视众多为附属。西方的神话资源非常丰富，神话思维非常活跃，然万变不离其宗，都是在上帝造物的套路上发展演变的。

西方本体思想的哲学根基是逻各斯中心主义。《文化通化论》详细陈述了逻各斯的发展历程和精神实质。

逻各斯是何方神圣？它是西方文化的塑型魔方，也是西方思想的网络机制。它虽然隐而不显，但实际上是西方思想文化成为现今形态的看不见的推手。西方的语言之为语言，宗教之为宗教，文学之为文学，史学之为史学，哲学之为哲学，都能从逻各斯中找出原因。由于它是西方语言之为语言的前提和核心，各系语言的语法和修辞都能从它那里找出规矩。由于它是西方宗教神学体系化的圭臬，一些神教的深层机制从它那里定型。由于它是西方文史哲分门别类的思想根据，所以它像一个理念漏斗下方的多头管道，给文类群科定性而且定位。由于它是逻辑思维的茧形母胎，西方的历代哲学家无不凭借它而成蛹、破壳、变蛾，而且一代又一代思想家都根据它来剥茧抽丝，组织辞令，编制体系。逻各斯如何生成？这要从它的来龙去脉观察。逻各斯是地中海文化从公元前4000年到公元纪年开始之间的产物。东西欧、近中东的文化在这里汇集。温暖的气候，天然的良港，丰富的物产，繁荣的商贸，加上多元的智慧和犬牙交错的战争，促成了那样一种思想环境和文化土壤，即需要而且也产生了整合人文理念的思维机制。这种思维机制不可能在古印度梵文化的释空道无中产生，也不可能在两河流域神政混一体制中崛起，更不可能在东欧、中欧地区的部落文明中胜出，而地中海这个物华天宝、思成大器的天时地利人和之境域，便是其生成的摇篮。周遭的古文化给了它以滋养，整合的急迫性和可能性给了它以生机，史诗氛围和商战文化给了它以催动，特别是意气风发的流派纷争局面，更是这种逻各斯文化的思想作坊。给思想找到决定性的原点是逻各斯思维的重要特征。以泰勒斯（Thales，约公元前624—公元前546年，被称为"科学和哲学之祖"）为创始人的米利都学派，以毕达哥拉斯（Pythagoras，公元前580 公元前500年）为代表的理性神学组织即数理派，以赫拉克利特（Heraclitus，约公元前535—公元前475年）为代表的爱菲斯学派，是逻各斯机制得以产生的奠基性思想群体。探索世界本源，研究宇宙奥秘和追求永恒原因的不同路径，使物、数、火、神等看点，都向思想网罗的逻各斯归结。给思维套上"一"和悖谬思考逆证的笼头，是逻各斯机制的核心所在。以巴门尼德（Parmenides，约公元前515年 — 公元前5世纪中叶）为首的爱利亚思辨派，以芝诺（Zeno，约公元前490—公元前430年）、普罗泰戈拉（Protagoras，约公元前490—公元前420年）为代表的智者派，以高尔吉亚（Gorgias，约公元前483—公元前375年）为代表的谬辩派，在"一"与多、正与反的思辨方面打造了"真理的漏斗"，过滤掉了所有与逻各斯相左的成分。以留基伯（Leucippus，约公元前500—公元前440年）、德谟克利特（Demokritos，约公元前460—公元前370年）和伊壁鸠鲁（Epicurus，公元前341—公元前270年）为代表的原子派，在这方面也给了很大的推动。而以苏格拉底（Socrates，公元前469—公元前399年）、柏拉图（Plato，约公元前 427—公元前 347 年）、亚里士多德（Aristotle，公元前 384—公元前 322 年）为代表的爱知派，则是运用逻各斯思维机制的高手，前两者的理念至上论和后者的思辨神圣说都是逻各斯思想的现身说法。古希腊哲学家在一些具体观点上或有差异甚至对立，但是在成就和运作逻各斯方面异曲同工，众派归一。可以说，他们共同促成并且操作了这样一种思维创制。逻各斯生成其来有自，而这种机制的能量则远远超出人们的想象。逻各斯为什么有这么大的能量？这个问题要从其基本特征去解答。一是思维的一统性。追求元一，工于整合，语不臻一死不休，这是逻各斯的基本特征。二是思辨性与实体性的同一。古希腊的所有思想家无不推崇"思辨的神性"，思想被视为实体，是当时主导性的观念，逻各斯恰恰成为这两方面合二为一的理据。三是其直奔对象核心的抽象思索特点，由之产生了西方的本源性思维大端，即父本型思维方法——早期辩证法。四是集四面八方文化之长，而又可超脱于各种文化之上，由此具备了思想压缩器功能，一旦形成规模，即便生成期的载体不在，也可在他时异地的民族文化中生根开花。五是隐身效应。按说如此强有力的根本性西式思维机制应该是实体实用的物化性存在，然而事实恰恰相反。它使语言言语自思而不落言筌，使宗教成为神学而自身销声匿迹，使文史哲成为门类而理路隐然其内，使思想成为思想然而其机括却不留痕迹。这就是为什么古希腊思想家都是用智慧乃至血肉之躯铸造了逻各斯，可是在他们的字里行间或言谈举止中很难找到逻各斯的裸露之处。这也是为什么西方和世界各国都有过"言必称希腊"的现象，然而言者只取其一隅，论者只高攀史诗、悲剧或哲学，却忽略了对这种文化样式后面的隐形机制做必要的透视。逻各斯是实体性的隐性思维，但是它从不吃素，也从不就虚。它像上帝一样，自身不露真容，却让人相信一切从它那里批发。它不让你建造巴别塔，于是让每一种语言分门别类。它给各种学科以理念的图谱和思想的格局，各类疆域从此生分，并且逐渐深沟高垒。前文学以及人们津津乐道的广义的秘索斯，作为一片人文错杂的思想丛林，也逃不过逻各斯的法掌。在古希腊的逻各斯生成之前，文学文史浑然而不成学，人们在两河流域的史前文化中或可辨认出今之所谓文学的那些文学远流，但是在古希腊文化的古典时期到泛希腊化过程中，语言文字逐渐向语法修辞集结，才情想象逐渐向史诗悲剧靠拢，相关理论逐渐向审美诗学聚焦。文学之为文学的格局在酝酿中，文学之为文学的理论在形成中。用今之文学概念所理解的文学，在那个时期已经生根开花。逻各斯让爱智者着迷，哲人、修辞学家、伦理学家动用了思辨的工具在文苑徘徊，究竟是按逻各斯修剪，抑或保留诗情文化的原生本态？犹疑与争执展示了议题阶段的模棱两可。

用终生致力于批判逻各斯中心主义的德里达的思想来概括，逻各斯就是长期形成的西方人的思维规范本身和西方理性本身。这并不是说西方没有自由王国的思维运动。西方自由王国的思维运动是在传统和正统的本体思想之外，在诗歌和文学幻想范畴内实现的。尤其是资产阶级大革命和浪漫主义文学运动以降。

事实上，柏拉图广而言之西方学人非此即彼的思维方式脱离了现实。非此即彼的思维逻辑往往陷入悖论，它抛弃了两者之间最广泛的询问的可能性。如上所述，人类的实际情况是，当我们不知道某事时，经常并非绝对的不知，而是略知一点，如听说过名称，但不知底细，所以可以提出问题；而我们知道某事时，通常也不是行家里手，即使专家学者，也有深化的可能，所以两者之间原本有着最广泛的询问的可能性，却被西方早期的大哲学家柏拉图放弃了，并对后代学人的思维产生了极大的不良影响。

华夏民族自始祖起，思考问题时总追求和谐，不经意间避免了很多问题。但是，孔子讲"君子和而不同，小人同而不和""君子而不仁者有矣夫，未有小人而仁者也。""唯上知与下愚不移"，仁学思想本质上似乎并不主张全面和谐。

与孔子的"克己复礼"相反，老子取得和谐的方式是"无为"。"万物负阴而抱阳，充气以为和"。"清净为天下正"，人们只须"守静"，一切顺应自然，社会就会自动地达成和谐美满。老子的和谐观之所以有限，在于它太过消极。

先秦时期，五行家的和谐观比较接近于全面和谐。五行是一种多元思维体系，主张多样社会主体和多重社会关系共生、共存，以建立普遍和谐。在五行家看来，组成社会的各种要素之间只有特性的不同，没有高低贵贱之分。和谐的对象是全体社会成员和社会要素。这种和谐趋向在认识本体中发挥了积极作用。

参考文献：

[1] 史忠义. 试论西方本体思想的悖论性困境 [J]. 江西社会科学，2019(9).

[2] 《新东方经典语录大全》.

[3] 即当人们像苏格拉底那样询问何谓 X 时，其实并不知道想找什么，想获得什么；如果肯定以这种或那种方式知道什么是 X，为什么还要询问呢？（《美诺篇》/ Ménon 80d-e）.

[4] Michel Meyer, Questionnement et historicité, Paris, PUF, 2000, Première partie, livres I et II.

[5] 栾栋. 文学通化论 [M]. 北京：商务印书馆，2017.

[6] 纪晓岚. 纪晓岚评《文心雕龙》[M]. 扬州：江苏广陵古籍刻印社，1997.

[7] 栾栋. 文学通化论 [M]. 北京：商务印书馆，2017.

[8] 《论语·宪问》.

[9] 《论语·阳货》.

[10] 《道德经》第四十二章.

[11] 《道德经》第四十五章、第五十七章.

作者简介：

史忠义（1951- ），中国社科院外文所研究员、中国作家协会会员、中国外国文学学会法语文学分会会长、法国 *Nouvelles Humanités. Chine et Occident*（《中西新人文》）杂志主编。1992年获瑞士洛桑大学文学博士，1996年获巴黎索邦大学文学博士。曾任厦门大学讲座教授、浙江越秀外国语学院外国语言文化研究院首席研究员。

其研究方向为中西比较诗学、中西思想史比较、问题学哲学以及中西美学研究等，目前科研成果有个人专著 8 部，主编中文《人文新视野》17 部，学术译著 22 部，主持译著 8 部，文学作品翻译 3 部，学术论文翻译 10 余篇，学术论文 110 余篇，先后获得外语类国家图书奖二等奖（《问题与观点，20 世纪文学理论综论》）、外语类国家图书奖三等奖（《比较文学和诗学文选》、《诗学史》）、社科院外文所优秀科研成果奖（《20 世纪法国小说诗学》）、社科院外文所 2015 年专著类优秀成果奖（《《现代性的辉煌与危机：走向新现代性》，2012）、中国社科院离退休专家学者奖（《修辞学原理》，2016）以及其他奖项 3 项。

栾栋（1953— ），浙江越秀外国语学院外国语言文化研究院首席研究员、广东外语外贸大学资深教授、博士生导师，兼治文史哲。

项目动态追踪

西方文明究竟何以兴盛？

——评《西方大国崛起的文化再生机制》

◎贾卫章　汤正翔

人类文明演化至今何以只剩下一主一从的两个部分（Huntington, 2011）：西方文明及其他（the West and the rest）？冷战后，趋势所向，甚至地球只剩下单一的文明体（global civilization, 单数），即普世化（实指西方化，尤指美国化）。对此，历史上曾经辉煌一时的各文明体均难以接受，去西方中心化、反西方化和敌视西方的情绪在西方文明内部尚且存在，在各非西方文明中更是程度不同的普遍存在，愤激之语不绝于耳，文明多元化（global civilizations, 复数）的主张遂应运而生。普世化与多元化、双重趋势的理论对立转化为文明之间冲突与对话的现实诉求。无论如何，单一化与多元化，文明冲突论与对话主张均表明一个不争的事实：西方文明是人类当世唯一强势文明体。尽管西方文明衰落之声有数据、有论证，但是有分量的专著均为欧美学者所作，意在防微杜渐、维护西方文明长盛不衰，而非相反、更非规律。

问题是，自1500年以来，作为一个历史的、动态的概念，西方文明何以兴盛？西方大国何以崛起？其演化趋势是否走向普世化？或，天命所归，兴衰有数？为此，探究西方文明兴盛的历史根源是揭示谜团的关键。迄今为止，各种答案普遍局限在西方文明兴起过程中用前一个现象说明后一个现象，再用一连串历史现象解释西方文明兴盛的缘由；或者，抽象出西方文明的若干因素和特质及特征作为西方大国崛起的根据。这些答案都遵循着循环论和命定论的逻辑，难以令人信服。专著《西方大国崛起的文化再生机制》（以下简称《西方大国》）（汤正翔，2019）一书则避开欧洲及西方历史上的一系列重大事件，另辟蹊径，运用哲学理论——混沌理论①，从全球文明生态②演化的视角揭示现代西方九个大国五百年来依次崛起的深层混沌规律，亦即，现代西方文明兴盛

---

① 混沌理论是一种质性思考兼具量化分析的思想方法论，必须运用整体的、连续的而非单一的数据关系探究事物动态的、非线性的、复杂混乱和随机无序的、却始终存在着深层根本结构的演变规律。混沌理论认为：事物的发展高度依赖敏感的初始值；初始值总是遵循着阻力最小的途径运行；阻力最小途径由不可见的根本结构决定；不可见的根本结构可以被发现，也可以被改变。

② 文明／文化生态指社会（主体）与环境交互作用的不同层次实体（相当于"文明体"）之间的关系。文化生态的构成，由内而外，分别是社会（主体）、价值观念、社会组织、经济体制、科学技术和自然界。文明体内部不同层次之间、地缘文明体之间和全球文明体之间存在依附共生和冲突博弈的交互作用，从而形成缠绕制衡状态。

的"蝴蝶效应"机制。作者意图所向，似乎欲与西方学术界的"东方学""对冲"：在彼此对立又互相认可的基础上，构建东方或中国的"西方学"？

1 寻找"那只特定蝴蝶"——维京文明：现代欧洲文明兴盛的初始值

普遍的观点认为，现代西方文明的主干是古希腊和古罗马文明，承接希腊—罗马文明的是西罗马帝国（"西方文明"的最初范围），虽然也认为东罗马帝国（"东方世界"的最初主体）、阿拉伯—伊斯兰文明、北欧诸国也对现代欧洲文明的兴盛、传播和变异有所贡献，却语焉不详。20 世纪初期德国崛起时，韦伯将德国或西方文明的兴盛归结于"新教伦理与资本主义精神"。20 世纪末期，亨廷顿将冷战结束西方"压倒"东方总结为"民主政治"的胜利。2008—2009 年美国金融危机爆发后，朗西曼（Runciman，2013）则即时警示西方社会不要落入"（民主政治）信心的陷阱"。从人类文明演化史的视野，《西方大国》与直接现实拉开距离，将现代西方文明兴盛的历史与逻辑起点设定为维京（Viking）文明体，并且明确指出，维京文明不仅是欧洲文明的第三根支柱，还是引发欧洲文明、西方文明，乃至人类文明走向"现代化"的初始值（initial value）——引发人类文明生态演化成现今状态"蝴蝶效应"的那只特定"蝴蝶"（"引言"）。《西方大国》"第一章"论证和剖析了维京文明的来源、属性和独特的能够产生"蝴蝶效应"的结构模式。

1.1 维京文明体构成：移民再生文化实体

欧洲维京时代（8 世纪后期至 11 世纪中期）之前，在众多蛮族移民 / 入侵衰落的罗马帝国期间，维京人居住在斯堪的纳维亚南部及周边地区。维京人（也被欧洲各地和各种语言称为诺曼人、瓦良格人或罗斯人），身型高大，信奉主神为奥丁（Odin）的多神教，有口语而无文字。定居北欧、构成维京文明的主要部族包括伦巴第、苏维汇、弗里西、朱特、法兰克、匈奴、阿瓦尔、斯拉夫、保加尔、阿兰、哥特、汪达尔、盎格鲁和萨克森。在占据斯堪的纳维亚一带过程中，维京人与本土居民发生激烈冲突和战争，维京获胜后，居于统治地位，将自己信奉的多神教与本土多神教合二为一。

1.2 维京文明体结构：五位一体的独特模型

作为移民再生文化实体的新故乡，斯堪的纳维亚地区的维京社会有主导和从属两种模型。从属模型是一般自然经济模型，主要从事农耕渔猎养殖活动，主导模型是海上 / 水上商业模型。维京海上商业文化模型由探险模式、劫掠模式、武士模式、贸易模式和殖民模式五种亚文化模式彼此勾连而成。"同时具有五位一体、松散联合体"是维京文明的独特之处。自然经济时代，在欧亚大陆上众多部落和种族中，那些具有主动改变现状的思想、气质和敢于行动的成分从各自族群中离析出来，反复入侵、移民和围攻繁荣的罗马帝国，最后可能因战败而啸聚苦寒之地的斯堪的纳维亚地区，再生为独一无二的维京移民文化实体。维京人在扩张过程中，总是因时因地灵活地、实用主义地运用五类不同的亚文化模式及其不同组合，只有追求商业价值的目的和为达成目的的探险精神始终不变。

1.3 维京文明体特质：极具张力而缺失凝聚力

相对于地中海文化中心，维京人处于文明中心的边缘之外。地缘文化生态关系决定了维京文化与自然经济条件下其他文化截然不同的特质，即主要不是通过自然条件缓慢积累财富，而是通过快速占有他人财富为己有、并以占有他人财富为基础而获取个人荣誉和社会地位。维京文化快速集中而非缓慢积累财富的属性决定了维京文化的另一特质——张力，无论对内还是对外。因此，维京文化缺少能够维系社会稳定的文化内核，换言之，维京文化缺乏凝聚力。维京文化张力源于商业文化属性。维京商业文化具有三大特征：维京移民来源多样化；维京人体型高大、孔武有力、善于计谋、长于海事；拥有五位一体的海上商业文化结构模型。

2 考察"蝴蝶翅膀的抖动方式"：维京文化与各地本土文化的耦合方式

2.1 维京文化与欧洲各地本土文化碰撞耦合的一般方式

一般认为，承接希腊文化的罗马文化在接受外来的基督教以后，通过自身文艺复兴和宗教改革、并且接受伊斯兰—阿拉伯及北欧的影响，此后再通过一系列"运动"和"革命"，率先走上现代化进程。《西方大国》似乎认为，从文艺复兴开始，欧洲及欧洲以外的其他西方一连串的重大事件只是欧洲及欧洲以外的其他西方和世界文明史演化的表象，而非规律。《西方大国》论述的基本思想是自 1500 年以后，欧洲及欧洲以外的其他西方文明的演化始终遵循混沌演化规律。

在人类文明演化进程中，局部文化生态的简单结构在不断重复循环、自相似（self-similarity）、分形（fractal）和自组织（self-organiazation）的同时，产生细微变量；这类细微变量加入简单结构的不断复制过程中，与相似结构经过耦合作用，最终发生突变，再生出新的复杂结构，即变异体。公元纪年的第一个千年间，基督教作为细微变量的初始值加入罗马文化生态的演化过程中，形成新的欧洲文化生态初始条件（initial conditions）。8 世纪末，更新的细微变量——维京文明又作为新的细微变量的初始值（能量）通过三百年维京扩张的方式加入罗马帝国—基督教主导的欧洲文化生态，产生了欧洲文明走向兴盛的"蝴蝶效应"。至公元纪年第二个千年伊始，欧洲文明已经演变为三大维度或三个亚文化构成的复合体：希腊—罗马文化、基督教文化和维京文化。其中，希腊—罗马文化是原有基础，基督教是新的主导系统，维京文化则是更新的动力系统，换言之，维京文明体通过三百年维京扩张与欧洲各地本土文化碰撞耦合再生出多个维京变异体，即现代欧洲大国原型。

如同基督教在欧洲传播高度依赖初始条件罗马文化一样，8 世纪后期，维京文化作为新的初始值在欧洲的传播也高度依赖罗马—基督教文化这个既定初始结构，与之构成依附共生与缠绕制衡关系，推动欧洲文化生态的渐变与突变。三百年维京扩张，维京人通过海洋和河流的水路，植入环欧洲的阻力最小的薄弱或冲突地带。维京文化植入欧洲各地的方式是因时、因地、综合、灵活地运用维京海上商业文明的五种亚文化模式，或冒险开拓未知世界，或劫掠防守薄弱地区，或充当强势王权 / 教会的雇佣军，或趁乱建立殖民地，或远距离发展贸易。凭此，维京文化植入欧洲各地、并占据各地文化的社会上层，处于引领或统治地位，各地本土居民则处于顺从或被统治地位。维京扩张过程就是维京文化与欧洲以罗马—基督教为主体的文化生态的冲突与耦合过程。经过冲突与耦合，欧洲各地再生出新的维京文化变异体，即现代欧洲及西方大国的民族文化原型。这些维京变异体即欧洲大国原型的再生过程与结果虽各不相同，却都共同遵循着曼德勃罗集演变模式，具有相似的深层结构（Underlying Patterns）。《西方大国》从第二章至第八章用主要篇幅阐述了一个基本思想：虽然欧洲 / 西方九个大国原型及其演化各不相同，但是各国都共同拥有维京文明体的结构模式。九国的民族文化深层结构与维京文化保持一致：正是西方文明各个民族国家的文化深层结构具有相似性，决定了西方各国同属一个西方文明体。

2.2　维京文化强势统治与不列颠、俄罗斯民族国家原型的再生

维京变异体——大不列颠民族文化的再生：多批次、多群体和规模不同的维京人劫掠、殖民和征服不列颠群岛众多大小王国和地区，耦合生成不同的不列颠变异体，组合成"大不列颠帝国"多元民族国家原型。8 世纪后期，维京文化移植到不列颠群岛后，与原有本土文化经过三百年的碰撞融合，再生出若干维京—不列颠文化变异体，即不列颠民族国家原型，包括丹麦区、"北海帝国"的英格兰王国和英格兰—诺曼、苏格兰—诺曼、爱尔兰—诺曼和威尔士—诺曼，构建了不列颠多元民族文化的深层结构。《西方大国》（第二章）明确指出：包括英格兰在内的整个现代不列颠文化的根是维京，而不是来源不明的盎格鲁—萨克森。如此偏差的不同定位，原因在于现代欧美文化的基督教价值观本位排斥维京"海盗"身份所致。

维京变异体——维京罗斯人"应邀"统治斯拉夫人，再引入基督教 / 东正教构成"三位一体"的俄罗斯民族国家原型（基辅罗斯）。维京扩张时期，东出的维京人也称瓦良格人 / 罗斯人。9 世纪，由罗斯的留里克三兄弟率其部族"应邀"跨过波罗的海管理纠纷不断的斯拉夫各部落，在内、外地缘文化关系的冲突和融合过程中，建立基辅罗斯并皈依拜占庭基督教 / 东正教。后维京扩张时期，在更广泛的文化生态范围内，与西

方天主教世界、东方蒙古帝国、南方伊斯兰世界持续冲突和耦合，历经数次文化断层，陆续再生出鞑靼罗斯、莫斯科罗斯和彼得俄罗斯，重塑了独具特征的斯拉夫—东正教文明体。《西方大国》（第四章）对俄罗斯民族文化原型的结构剖析与苏联／俄罗斯出入较大。苏联与新俄罗斯均认同维京的文化原型，但是苏联强调维京武士（雇佣军）与商业文化属性，新俄罗斯一方面承认维京的劫掠、殖民特质，另一方面只认同皈依东正教的维京文化才是俄罗斯的源头。同样，民族情感与东正教价值观限制了苏联／俄罗斯的视野。

2.3 维京文化强行植入与法兰西、意大利民族文化特质的形成

维京变异体——维京诺曼人通过碰撞与耦合再生出法兰西民族文化原型。10 世纪扩张至法兰克王国的维京人被称为诺曼人。诺曼人通过强迫建立诺曼底公国楔入法兰西王国，此后不久，诺曼底公国崛起为欧洲最强势国度之一。在维京诺曼文化冲击法兰克王国及其地缘文化过程中，法兰西民族文化意识逐渐觉醒并在与地缘文化博弈过程中得到强化。维京文化投入混合着高卢、罗马和法兰克地缘文化生态中，经过碰撞和耦合，再生出法兰西民族国家的基本原型。《西方大国》（第三章）对法兰西民族文化原型的追寻与现代法兰西自我认同明显不一：法兰西重视法兰克、高卢、罗马和天主教的正统性，唯独排除了使法兰西成为法兰西并能够强势崛起的维京诺曼传统。

维京扩张与地中海文明／意大利原型的再生。11 至 12 世纪，在欧洲各地扩张的维京人继续以无序的方式扩张至意大利南部，通过充当雇佣军、多次战斗和各自独立征服，最后建立统一的西西里王国。在其后期，诺曼西西里王国几乎建立了等同于古希腊帝国版图的、环地中海的、横跨欧亚非的、包容多元文化的维京诺曼"西西里帝国"。在意大利南部扩张和统治的维京诺曼人实行宽容的多元文化政策并与意大利半岛各个商业自治城邦（共和国）耦合，奠定了 14 世纪意大利文艺复兴的社会基础。《西方大国》（第六章）评述了诺曼西西里王国／"帝国"的多元文化政策是维京商业属性使然，还指出，维京诺曼文化并不真正崇奉天主教、也不真正排斥伊斯兰教，更无意复兴罗马帝国或共和国，诺曼人所崇奉者，唯商而已。维京诺曼的这一文化导向最终加速了东正教拜占庭帝国衰亡、基督教／天主教的分裂，维京诺曼西西里王国连同维京其他变异体共同决定了神圣罗马帝国从徒有虚名到最终解体。正是由于维京诺曼文化的植入，才引领了意大利从文艺复兴运动开始，成为第一个现代的世界知识生产中心并崛起为第一个具有全球投射力的现代西方大国。

2.4 维京文化引领"缠绕"与荷兰、葡萄牙、西班牙、德意志民族文化的变异

维京双向扩张与荷兰、葡萄牙、西班牙的原型再生并崛起。10 世纪前后，维京人经略和劫掠了前荷兰、前葡萄牙和前西班牙地区，冲击了当地封建和教会的统治秩序，为集中财富而实施城镇自治，引领了商业化和世俗化的双重趋势，为后来地缘文化生态变动而生成三国原型奠定了商业文化基础。催生荷兰、葡萄牙和西班牙民族国家原型生

成的深层缘由在于以维京各支为主力的十字军在历次东征过程中，只顾抢夺地盘、聚敛财富，导致东征的最终失败，致使联通东西方的商贸通道（丝绸之路）被奥斯曼帝国封堵，从而迫使维京各变异体/欧洲大国原型转向大西洋方向，寻找新的商贸通道。荷兰、葡萄牙和西班牙在此转向过程中率先开启了地理大发现和殖民运动的进程，其他各国随后跟进。一般认为，荷兰、葡萄牙和西班牙因重视商贸及具备沿海因素是率先崛起的条件，《西方大国》（第五章）则认为，维京时代维京分支经略三国；后维京时代，维京主要力量参加并主导了十字军东征的失败，迫使欧洲对外贸易转向，导致荷兰、葡萄牙和西班牙三个小国率先承接了维京扩张，开启了欧洲各国向全球的"第二次维京扩张"。三百年维京扩张导致维京各变异体成为欧洲列强、"第二次维京扩张"导致欧洲各国崛起为世界列强。

多个维京变异体的缠绕制衡与德意志民族国家的再生。德意志民族文化原型极为特殊。整个维京扩张时期，神圣罗马帝国阻挡了同出一源的维京武士向欧洲大陆腹地推进，迫使维京武士只能沿水路在欧洲边缘地带的沿海/沿江进行扩张。日耳曼强势推进到罗马帝国腹地，主要路线是从北欧向南直接由陆路进入欧洲大陆腹地，直至罗马；而维京扩张则主要从欧洲大陆两翼的河海路线包抄欧洲大陆。路线的不同和占领地域的不同也是导致后续地缘文化向不同方向演化的重要变量。后维京时代，各个维京变异体在维京商业文化的引领下，欧洲文化生态经过反复分裂、重组，最终导致神圣罗马帝国统一梦想的破灭，从而生成了德意志民族国家原型。如同意大利作为罗马文明和天主教中心、德意志作为神圣罗马帝国中心一样，掩盖了维京文化的冲击力量，《西方大国》（第七章）拨开层层表象，从德意志地缘文化关系缠绕制衡的交互作用中，揭示了德意志与维京文化的同源关系，均缺乏凝聚力。商业利益导向引领德意志一直试图复制、恢复罗马帝国，以获得利益最大化，但是最终在各个维京变异体的博弈过程中落败，统一梦想破灭，成为欧洲的后发大国。

2.5 维京变异体的完整移植与美利坚合众国二次变异体的再生

维京二次扩张与维京的北美二次变异体的再生。《西方大国》（总结论）一书跳过整个西方大国的崛起过程，仅对当世大国美利坚合众国作了简要评述，认为，美利坚合众国民族文化可视为维京五位一体海上商业文化结构模型在"新大陆"完整复制而建立并崛起的移民/殖民"商业股份公司"——从隶属于不列颠的十三个分支机构，为商业利益（抗税）而强势宣告独立，再经过综合运用探险、劫掠、武士、贸易和殖民的维京方式及远交近攻/"外交内攻"的制衡博弈策略，崛起为当前拥有五十个"分公司"的商业帝国——美利坚合众国。

鉴于不列颠与美利坚之间特殊的文化渊源关系，《西方大国》（第二章）提出了一个基本思想："如果英国主流历史传统是维京文化而不是盎格鲁—萨克森文化，那么相应地，美国文化传统的支柱是否也是维京文化而不是白人盎格鲁—萨克森新教文化？"进一步言之，自 1500 以来欧洲文明在全球五百年的扩张、传播、冲突、耦合与变异，也只是维京在欧洲三百年扩张、传播、冲突、耦合与变异的复制？再进一步，全书似乎暗示了"西方化"的本质含义和现实启迪：西方化就是维京化——财富集中而非积累，包括从他人和自然界集中；过度地集中财富是冲突的根源，于是作为"穷人宗教"的基督教通过安抚"精神穷人"和"物质穷人"伴随西方化进程而传播，维护了西方及西方化社会的稳定和秩序——此为西方化进程与基督化进程相辅相成、并行不悖的历史与逻辑关系？

3 探究西方大国原型再生机制：维京文化与各地本土文化的耦合机制

在详述维京扩张时期维京文化与欧洲各地本土文化碰撞和耦合的具体过程之后，《西方大国》（第八章）历史地、逻辑地抽象出多个维京变异体——欧洲大国原型的交互作用关系和再生机制。总体而言，维京文化与欧洲及西方基督教会、封建王权及殖民地的碰撞耦合关系分为三类制衡状态：与强势对象的关系是依附共生，通过互利依附而立足和发展；与一般对象的关系是博弈平衡，在多方博弈关系中，寻找阻力最小的途径运行做大；与弱势对象则是征服、兼并和殖民。维京移民与各地本土文化的交互作用关系包括三个维度，碰撞耦合的再生机制分为五个基本原理。

3.1 维京殖民／移民文化与各地本土文化的交互作用

3.1.1 维京文化与欧洲基督教文化的依附共生与缠绕制衡关系

维京扩张者与基督教会的依附共生关系。维京首领带领武士扩张到欧洲各地，不约而同地放弃自身多神教而有条件地皈依基督教并强令部属和属地居民也皈依基督教。其中，维京多数首领接受当地天主教，如维京英格兰、诺曼法兰西和诺曼西西里王国；基辅罗斯大公则接受临近拜占庭帝国的东正教。维京扩张者与基督教会互相依附，各取所需。后世维京变异体均继承基督教传统，从而使基督教成为维系社会秩序和统治秩序最基本的价值观和最基本的社会规范。维京扩张者与基督教会又彼此"缠绕"制衡。维京扩张者在基督教框架内无视教规，巧取豪夺，与基督教会冲突不断。在很大意义上，维京各地首领率众皈依基督教只是一种取得更多、更长期商业利益的战略选择。维京首领在皈依基督教时均签署协议，协议中将维京皈依基督教作为交换条件，换取在占领地实行合法殖民统治、贸易优惠和其他利益。维京各个变异体生成以后，维京王权与教权冲突不断，突出表现为争夺当地的主教叙任权。

3.1.2 维京文化与欧洲各地封建王权的依附共生与缠绕制衡关系

维京扩张者与各地封建王权的依附共生关系。维京各地扩张者每占领一个地区，在皈依基督教的同时，还通过协议接受封建王室封号，把事实占领合法化。维京扩张者还通过广泛的政治联姻结成盟友关系，以至于欧洲各国王室通过繁复联姻结成家族统治，因此欧洲各国之间的宗教和领土混战本质上只是王子／公主争夺王位继承权的战争而已。维京扩张者彼此之间，各自与神圣罗马帝国、拜占庭帝国等政治实体也存在着缠绕制衡关系。植入各地并占据各地上层社会的维京人，再生出强势维京变异体，建立起后世欧洲大国的强势原型后，张力十足，与欧洲最大、最正统的两个政治实体——神圣罗马帝国和拜占庭帝国，还与域外的蒙古帝国和塞尔柱帝国/奥斯曼帝国明争暗斗，构成缠绕制衡关系。

3.1.3 后维京时代，维京文化引领欧洲文化生态走上商业化和世俗化道路

维京扩张者在建立并维护自身封建统治秩序的同时，不断冲破欧洲封建等级秩序，引领欧洲商业化进程。维京统治者一方面为维护自身的统治率众皈依基督教，为了抵御穆斯林向欧洲扩张或者征服其他"异教"而加入十字军并成为主要力量，另一方面，维京文化又冲破基督教统治秩序，引领欧洲社会走向世俗化方向。在基督教（天主教/东正教）中心以外，维京变异体，典型如英格兰王国、莫斯科大公国及神圣罗马帝国的北方各国，维京商业化本身为教会允许，世俗化则通过宗教改革和教会分裂，政权与教权制衡、政权控制教权的方式，一直演变为政教分离。维京化/西方化进程既是基督化进程，更是世俗化进程，神的统治回归为人的统治、人的统治由人的等级统治泛化为人的市场化的阶级统治。

3.1.4 欧洲大国在全球文化生态中持续扩张聚敛财富奠定了崛起的物质基础

以欧洲文化生态和全球文化生态千年跨度观之，维京文化探险模式不仅引领维京在欧洲扩张三百年，生成欧洲大国原型，还引领欧洲大国原型在全球文化生态进行"第二次维京扩张"，生成并崛起为现代西方大国。维京扩张三百年，维京人在全欧洲及其地缘范围内聚敛财富，奠定了强势维京文化变异体即欧洲大国原型的物质基础；第二次维京扩张五百年，维京变异体即大国原型在全世界范围内聚敛财富，则奠定了欧洲大国原型崛起为全球大国的物质基础。

3.2 维京移民/殖民文化与各地本土文化的再生机制

3.2.1 欧洲大国通过复制维京文化模式而崛起的渐变与突变的三维制衡机制

欧洲大国原型在1500年之后五百年的"第二次维京扩张"中复制维京文化探险模式、劫掠模式、武士模式、贸易模式和殖民模式中的不同组合而崛起，表现为从事包括科学研究在内的探索更广阔的未知世界、更大规模的直接掠夺、军国主义及代理人战争、从重商主义转向自由贸易、殖民主义，以及超越集中具体财富而反映大国根本利益和长远利益的对诸多国际秩序的安排。《西方大国》一书省略了五百年现代西方大国依次崛起的具体进程，却明确指出，西方大国的沉浮兴衰与非西方文化及非西方大国的衰落只是维京二次扩张"蝴蝶效应"所引发的渐变与突变的结果而已。

维京商业文化的传播改变了欧洲文化生态和全球文化生态两个范围的三维结构。宗

教维度上，维京商业文化模式从维京扩张时期皈依基督教和依附基督教会构成依附共生关系，同时与之缠绕制衡，不仅争夺教会权力，还为商业利益屡次突破教规大肆劫掠，维京文化主导的基督教国家之间互相攻伐。封建等级维度上，维京商业文化模式以集中财富为目的，必然要求以财富的占有量为标准划分社会层次，即以经济等级（阶级）取代贵族等级并以此为基础建立民族国家取代家族国家，以资产阶级国家政权取代贵族政权。维京商业文化通过商业革命引发的"蝴蝶效应"转换了欧洲文化生态和全球文化生态中经济利益、宗教信仰和国家关系的三维结构。在此过程中，商业革命的渐变引发的突变表现为11世纪十字军东征、17世纪欧洲"三十年战争"和20世纪"第二次三十年战争"，即将两次世界大战作为一个过程看待。

3.2.2 在"商业革命"进程中欧洲大国崛起的商业化/现代化/市场化机制

即便在前维京时期，各繁盛文明体均有过繁荣的商贸活动，但是没有形成商业文化。《西方大国》（第九章）论证了这样一个历史与逻辑规律：维京商业文明通过维京扩张传播到欧洲、再通过欧洲扩张至全球，引领了欧洲文明率先走上现代化进程——所谓现代化就是商业化或市场化。商业革命是维京文化弥散的必然结果。维京商业文化通过维京扩张和十字军运动弥散到欧洲文化生态的基督教文化、罗马文化及边缘的部落文化之中，尤以汉莎同盟和意大利城邦商业自治共和国最为明显。

通过欧洲河流与沿海的贸易网络，维京商业文化嵌入欧洲各地。在维京扩张与十字军运动时期，维京商业文化与封建等级文化、基督教文化依附共生和缠绕制衡，不断得到复制，弥散到欧洲文化生态中并再生出强势维京文化变异体，形成了欧洲商业革命的社会基础。以欧洲文化生态系统中正在崛起的维京海上商业文化为基础，商业革命于11世纪启动，止于18世纪中期，为工业革命所取代。确切言之，工业革命和19世纪的第二次工业革命以及20世纪的信息革命，只是承接了维京文化启动的商业革命。

3.2.3 维京文化主导西方大国兴衰百年周期律的腐蚀与膨胀机制

《西方大国》一书摆脱了西方文明本位、摆脱了西方各国民族本位、摆脱了基督教及其各个教派本位，简述了一个被西方强势话语有意无意转移了的基本史实和规律，即全球文明生态演化的腐蚀与膨胀机制。九国依次崛起的进程也是这些全球大国主导全球文化生态"膨胀与腐蚀"的过程，表现为三个维度：第一，欧洲文明西方化、西方文明全球化的膨胀，相应地，全球多元文明的"腐蚀"、萎缩与灭绝。欧洲文明膨胀为西方文明辐射全球文化生态，以至于出现当前全球文明单一化趋势与全球文明多元化趋势之争，且能够制衡西方文明普世化趋势的主要力量是西方文明内部多元化趋势，而不是非西方文明。第二，基督教在全球传播，相应地，其他宗教和无神论的"腐蚀"、萎缩与消失。第三，全球大国的陆续崛起，其投射力不断增强，大国影响力不断"膨胀"，非大国与弱国的地位和实力处于边缘化、被挤压状态，因而被"腐蚀"。在本质上，这一机制与维京时代初期小规模维京劫掠者杀人越货、集中他人财富完全一致。"文明冲突"的实质就在于此。

3.2.4　"文明冲突"机制

一本薄薄的《西方大国》没有正面回应亨廷顿"文明之间冲突"的机制，却又明白揭示了西方文明兴盛过程中的"文明冲突机制"，包括西方文明内外之间的冲突机制。维京化因集中他人财富的本质导致冲突，典型冲突从"维京时代"的零星劫掠冲突升级为打着宗教旗号的小规模征伐冲突，再升级为 17 世纪欧洲大规模的"三十年战争"，高潮是 20 世纪将第一次世界大战和第二次世界大战视为连续过程的"第二次三十年战争"。后冷战时期，西方社会和非西方社会好像都忘记了冷战高度对峙时期，西方社会"整天提心吊胆地生活，战战兢兢地等待灭亡时刻的到来"。那时，处于正午时光、攻势凌厉的苏联作为政治上"东方世界的代表"却在文化根源上始终是欧洲文明典型的分支，虽然在政治文化上苏联已经异化为整个西方文明／"西方社会或自由社会"的"末日审判者"。（德赛，2006）

"文明冲突"的本质是维京化，即集中他人财富。"文明冲突机制"是维京化导致冲突，冲突不仅发生在维京变异体与非维京文明体之间，也发生在各个维京变异体之间；维京化在文明体内部冲突需要各教派和民族内部的统一稳定，需要固守一个教派和一个民族的共同价值观；维京化在文明体之间导致的冲突就是"文明冲突"，包括宗教信仰价值观、经济价值观、文化价值观和政治价值观的冲突，表现为军事战争、贸易战争、货币战争、文化战争及其他。美国强势文明体在全球扩张和传播就是美国化，西方文明体联盟在全球强势扩张和传播就是西方化。强势西方文明价值观由此泛化为"普世主义"价值观，冲突的对立面则主张文明"多元化"——与"普世文明"抗衡或制衡。

4　评　论

4.1　评论及分析

4.1.1　《西方大国》宏观、深度地探究了西方文明兴盛的文化根源

驳论易、立论难，复杂现象建设性立论更难，中国人试图解决盛产知识的西方社会的宏大命题又难上加难。探究西方大国崛起或西方文明兴盛的根源，如此宏大复杂的命题由一位中国作者凭一己之力进行开创的"探险"，直觉让人生疑。[①] 但是，《西方大国》又确实提出了具体明确的立论，还能自圆其说。毕竟，无论"西方中心说"的"新教伦理与资本主义精神"（德意志鼎盛时期提出）（韦伯，1987）、"文明的冲突"（美利坚鼎盛时期提出），还是非西方中心说或反西方中心说，有谁能提出一套西方文明兴盛的机制？《西方大国》虽未正面批驳韦伯与亨廷顿的思想，却将"新教伦理与资本主义精神"连根拔起、将尚未建构的"文明冲突"机制直接解构。新教教义对物质追求的肯定、教徒的勤勉、资本主义者对金钱英雄般的追求、西方和美国文明的

---

① 在该书出版资助评审会上，评审专家提出命题过大问题。

内外冲突，不正是西方文明深层的简单结构——维京商业文化属性及其特质特征的表现和注释吗？

4.1.2 《西方大国》初步系统、独辟蹊径地揭示了现代西方文明兴盛的"蝴蝶效应"机制

全书以人类文明演化史为背景，提出西方大国原型生成的历史与逻辑预设前提：希腊—罗马文明为欧洲文明的底层、外来的基督教文明作为中层，构成现代欧洲文明的初始条件，将维京文明作为初始值投入欧洲大地，经过碰撞和耦合的一系列事件，揭示了一套现代西方大国崛起和西方文明兴盛的机制，殊为不易。但是，对维京文明体的作用有无夸大之嫌？至少，书中甚至将维京文明传播与19世纪欧洲社会主义运动相关联①，确有颠覆现有基本认知之嫌。"得克萨斯的龙卷风"与巴西的"那只蝴蝶"有何关联？无论如何，在《西方大国》一书面世之前，有谁论证过维京文明是现代西方文明兴盛的初始值，不仅如此，还全面地、历史与逻辑地构建了一个初步的系统框架？

4.1.3 《西方大国》缺少定量研究

在专著里，作者动用了大量神话、传说、传奇和轶事，几乎每节都配有图表、油画、文本原件、雕塑及古迹照片，甚至邮票，增加了有意义的人文气氛和直观性，但是在现今大数据时代，缺失大数据支撑和构建数学建模推演，西方文明兴盛的规律就难以验证。②可能由于千年之前维京时代的数据难以采集，或者勉强推算出残缺不全的数据，构建数学建模后推演出的效果仍然缺乏必要的精确度。在量化的"具体"史实数据中验证"抽象"的非线性的变异机制，似乎过于苛求。当然，专著如能运用抽象出的机制定量模拟五百年以来西方大国崛起的动态演化图示，那么专著的直观性、科普性和可读性将大幅增加。

4.1.4 《西方大国》未能探究五百年西方文明兴盛过程机制

不知作者有意还是无意绕过了1500年以来"西方文化生活从黎明到衰落"的五百年，将西方文明兴盛的源头从一般的文艺复兴前置到1000年前后的维京时代三百年，好像继续为巴尔赞（Barzun，2000）关于现代西方文明兴衰史的集大成著作正本清源。该书重点置于中世纪中后期的维京时代，兼及前、后维京扩张时期，通过分别探索欧洲大国原型的生成演变，抽象出现代西方文明的兴盛机制，但是未能运用文化生态学思想方法论探究西方文明整体的演变机制，即未能从欧洲文明整体的社会主体至自然界的多层次交互作用关系中揭示其渐变—突变机制，虽然这可能超出了专著的范围。巴尔赞描绘西方文化五百年兴衰长卷的文化史，也只是西方文化深层结构的维京属性反复复制、渐变与突变、冲突与变异演化进程的生动描绘。或许，这是《西方大国》没有重复陈述

① 盲审专家在肯定该书对维京文明体结构剖析的创新见解后，提出了书中对维京扩张历史作用的夸大质疑。

② 在评审会上，专家在肯定《西方大国》的整体立论和论证的同时，提出了大数据和构建数学建模的问题。

西方大国五百年依次崛起历程的原因？

4.1.5　《西方大国》没有剖析美利坚合众国文明兴盛的"蝴蝶效应"机制

无论如何，专著简述了西方文明的北美变体，却没有详尽论述，篇幅甚至不到一个专章。这与当世美国的大国地位严重不符，尽管美国民族文化的原型已包含在欧洲其他大国，特别是英国民族文化原型的探究之中。意味深长的是，"9·11"事件以后，"文明冲突论"的作者不再继续研究全球文明整体中的西方文明及全球各个文明之间的冲突，而是转向美国民族文化，指出"9·11"事件之后，美国民众的民族文化自我认同大幅提高。换言之，世界不属于西方，更不属于美国。特朗普执政的主导理念就是基于亨廷顿（Huntington，2005）"新发现"的民族主义复活的社会文化基础。

4.2　进一步讨论

中华文明在先秦时期就已成就了诸子百家的学术盛世，何至于沉沦到当下仅以传播西方知识中心生产的知识为己任的边缘地位？以至于对中华文明自身研究（"国学"/汉学）的学术高地也被日、韩、美占据？21 世纪，中国经济体的数量纵比与横比均极大膨胀，于是"大国崛起"与"民族复兴"成为中华文明集体意识。在中国经济体量显现"高原现象"时，质量问题，包括但远不限于经济结构、科教兴国和创新战略在内的民族素质问题——中华文明新内涵的宏大命题，赫然耸立。察人而内省，《西方大国》或可借鉴？

深度解析新教伦理与资本主义精神的韦伯、"发现"全球主要文明体之间冲突属性的亨廷顿和权威梳理五百年现代西方文明的巴尔赞，此三人皆西方社会当世最强势民族大国的文化学者，其著作一出，瞬时洛阳纸贵。《西方大国》作者处于世界知识中心的边缘之边缘以外，试图以一己之力探寻五百年来一直处于世界知识中心地位的西方文明体之演化规律，似有自不量力之嫌，难以引起长期习惯于边缘地位、以搬运西方知识为己任的中国学术界重视。故为之评。

参考文献：

[1] Barzun Jacques. *From Dawn to Decadence: 500 Years of Western Cultural Life, 1500 to the Present*[M]. NY: Harper Collins Publishers, Inc., 2000.

[2] Huntington Samuel. *The Clash of Civilizations and the Remaking of World Order*[M]. NY: Simon & Schuster, Inc., 2011.

[3] Huntington Samuel. *Who are We? The Challenges to America's National Identity*[M]. NY: Simon & Schuster, 2005.

[4] Runciman David. *The Confidence Trap: A History of Democracy in Crisis from World War I to the Present*[M]. Princeton: Princeton University Press, 2013.

[5] [德] 马克斯·韦伯. 新教伦理与资本主义精神 [M]. 于晓，陈维刚等，译. 北京：生活·读书·新知三联书店，1987.

[6] [英] 梅格纳德·德赛. 马克思的复仇 [M]. 汪澄清，译. 北京：中国人民大学出版社，2006.

[7] 汤正翔. 西方大国崛起的文化再生机制 [M]. 北京：海洋出版社，2019.

作者简介：

贾卫章，男，1968 年 8 月生，山东德州人，英语语言文学硕士，浙江越秀外国语学院英语学院副教授，从事英语语言文学研究。在多年的英语教学中积累了丰富教学经验，教学之余主要涉及英语国家社会与文化的研究。发表过多篇相关论文，如《叶芝诗歌"基督重临"中的象征意义》《跨越翻译教学中的文化障碍》《基于认知诗学理论的指示语研究——以"丽达与天鹅"为例》《英汉语言中"音响形象"的理据性研究》，The Analysis of Sailing to Byzantium from the View of Figure-Ground in Image Schema 等。

汤正翔，男，1969 年 2 月生，安徽芜湖人，教育硕士，浙江越秀外国语学院英语学院副教授，从事比较文化学研究。《西方大国崛起的文化再生机制》系浙江省哲学社会科学规划课题"大国崛起的文化再生机制研究"（15NDJC246YB）成果，由海洋出版社 2019 年出版。专著作者，主持省部级课题 3 项，国内外专业期刊发表论文 10 余篇。

外国文学与比较文学研究

论歌德的爱情观[①]

◎冯　晞

约翰·沃尔夫冈·冯·歌德（Johann Wolfgang von Goethe, 1749 年 8 月 28 日—1832年 3 月 22 日）是 18、19 世纪德意志最负盛名的诗人与作家。于其漫长的一生中，无论在情窦初开的豆蔻年华，还是在疾病缠身的迟暮之年，歌德均未停止过诗歌的创作。歌德一生中创作的爱情诗可谓是汗牛充栋，体现了极高的文学艺术价值。从歌德的爱情诗中，我们可以看到他对爱情的珍视与执着。那么，他究竟有着怎样的爱情观呢？

对歌德的研究堪称汗牛充栋，尤其在德语界，从研究歌德的生平事迹，到作品解析，及至世界观、自然观研究，可谓包罗万象，面面俱到。

德国学者 Korff（1949）曾结合歌德的生平探讨了歌德晚期的爱情诗集《西东合集》中的爱情，尤其是从精神层面、爱情的实现方面做出了详尽的分析。然而，国外对歌德作品中体现的爱情观问题重视程度不高，多是以传记的形式来描述研究歌德的生平，而较少直接研究诗人的爱情观。其中，较有影响力的是法国作家 Brion (1982) 的著作《我一呼一吸都是为你·歌德与爱情》（*Und jeder Atemzug für dich. Goethe und die Liebe*）。该著作是歌德的传记，其中系统地介绍了歌德的爱情生活。

同样地，国内也鲜有相关研究，已有的研究较为零星地散布于文学作品分析中，不够深入，也不够系统化。在《论歌德小说〈亲和力〉的主题思想——兼议歌德的婚姻爱情观》一文中，钟燕（2010：58）从创作背景、小说人物设置与塑造的角度分析歌德的婚姻爱情观，得到以下结论："年届花甲的歌德通过小说《亲和力》向读者展现的是一个充满自然魔力的世界，讨论的是人类婚姻宿命悲剧的根源——魔力无穷、生命有限。同时，他既肯定了中庸之道、勇于舍弃的婚姻态度，又颂扬了浪漫主义的爱情。"杨武能（1987：20）也曾在其介绍《罗马哀歌》的文章中提及："在歌德看来，爱情也是一种学问，其意义不下于读古哲的经典，爱情能加深对艺术的感受和理解，能使眼睛和手指感觉更加敏锐。因此，艺术离不开爱情，艺术家的生活中不能没有爱情。"袁志英（2014）在其著作《歌德情感录——歌德和他的妻子》中，详尽地介绍了歌德的爱情经历，是近年来研究歌德爱情生平的力作。

基于以上研究现状，笔者欲系统地研究歌德的爱情观。作为前提，笔者认为，应先厘清与爱情观相关的概念。

---

① 本文是 2014 年度浙江省教育厅一般科研项目"中西文化观照下的纳兰性德与歌德婚恋观"（Y201432739）的阶段性研究成果。

1　爱情类型理论概述

顾名思义，爱情观即人们对爱情问题所持的根本看法与态度。

爱情类型理论是爱情观研究的理论基础。刘聪颖、邹泓（2009：102）认为，爱情类型是处于浪漫关系中的人们对待爱情的态度倾向，是人们的爱情观思想的体现。

国外对爱情类型的理论研究，主要分为以下四个派别。

1.1　爱情的基本类型理论

美国社会心理学家 Knox & Sporakowski（1968）将爱情分为浪漫之爱（romantic love）和伴侣之爱（conjugal love）两种。美国社会心理学家 Hatfield & Walster（1978）按照是否包含性的因素，将爱划分为伴侣之爱（companionate love）和激情之爱（passionate love）。

以上两种分类法基本上是一致的，区别仅在于措辞。他们都提出了爱情的两分法。这一两分法在爱情心理学领域非常有影响力，也被认为是爱情最基本的分类法。

1.2　爱情风格理论

加拿大社会心理学家 Lee（1973）将爱情分为六种风格（style）。他用色轮类比其建立的爱情类型学的概念框架，三原色映射出三种主要的爱情风格：激情型（eros）、游戏型（ludus）和友谊型（storge）。再用三原色的合理混合产生爱情的三种次要风格：占有型（mania）、实用型（pragama）和利他型（agape）。

1.3　爱情三角形理论

美国心理学家 Sternberg（1986）在总结前人研究成果的基础上，提出了爱情三角形理论（a triangular theory of love）。他认为爱情包括亲密（intimacy）、激情（passion）及决定／承诺（decision/commitment）三个元素，分别以三角形的三个顶点表示。

1.4　爱情依恋理论

美国社会心理学家 Hazan & Shaver（1987）将原先用于母婴的依恋理论（attachment theory）拓展运用于成人间的浪漫爱情关系。他们提出母婴（也可能是父婴、祖孙或婴儿与其主要照料者）间三种最主要的依恋类型——安全型（secure）、焦虑／矛盾型（anxious/ambivalent）和回避型（avoident）——可从成年人和恋人交往的不同方式上得以体现。

需要指出的是，以上只是有代表性的几种爱情的分类法，并没有穷尽其他的可能。而且，尚未形成权威性的或者公认的分类法。并且，不少分类法中的类别有重合，如"浪漫之爱"。笔者将不基于单一的分类法，而是按需择用合适的分类法进行分析。

另外，我们注意到，歌德的爱情观是个性化的体现。因此，有必要了解歌德的爱情经历。

2　歌德的爱情经历

歌德的爱恋贯穿其一生。直至暮年，诗人仍会坠入爱河。诗人的个人生活，尤其是与众多女子的爱情经历，万分多姿多彩。

2.1　懵懂的初恋

1763 年，歌德在一家故乡的酒家中结识了格丽琴（Gretchen，Margaret 的昵称）。这是诗人的初恋，格丽琴的倩影留在其脑海中，挥之不去。这段短暂的恋情虽未开花结果，却在歌德的脑海中留下了深深的烙印。他特意在倾其一生之力而成的大作《浮士德》（*Faust*）中，将第一部的女主人公命名为格丽琴，以此来永远地纪念这段恋情。

2.2　激情与理智

1765 年，年仅 16 岁的歌德前往莱比锡攻读法律专业。在城郊，歌德遇见了年轻的饭店老板之女安娜·卡特琳娜·舍恩科普夫（Anna Katharina Schönkopf，歌德昵称其为"安内特"Annette，1746—1810），并与其短暂相恋。由于诗人无缘无故的妒忌，这段关系无疾而终。

在斯特拉斯堡求学期间，歌德经常骑马探访美丽的大自然。1770 年，微服出游的诗人邂逅了来自塞森海姆村的牧师之女弗里德莉克·布里翁（Friederike Brion，1752—1813）。大约一年内，他们保持着热恋关系。然而，诗人想在毕业后离开该地，同时害怕经营一段稳定的关系，因此在完成学业后，诗人选择了不辞而别。

1772 年，在韦茨拉尔的帝国枢密法院实习时，歌德爱上了朋友的未婚妻夏绿蒂·布夫（Charlotte Buff，1753—1828），她后来成为歌德的成名作《少年维特的烦恼》（*Die Leiden des jungen Werthers*）中的女主人公绿蒂（Lotte）的原型。但这份爱是一厢情愿的，令诗人极其痛苦。这无望的爱情让他异常沮丧，甚至萌生了自杀的念头。通过写小说，歌德成功地消除了自己的负面情绪，然而其作品给当时的青年带来了消极的影响。

1775 年，在一位法兰克福银行家的府邸，歌德初会了正在弹琴的其 17 岁的千金丽莉·勋纳曼（Lili Schönemann，1758—1817），并对她一见倾心。两人坠入爱河，继而热恋。歌德强烈地感受到，其身心皆被丽莉支配着，无法摆脱这种魔力般的束缚。这种关系被诗人真切地写入了其著名的诗篇《新的爱，新的生活》（*Neue Liebe, neues Leben*）中。两人虽经由好友撮合订婚，但由于双方家庭背景和生活方式的格格不入，最终未能步入婚姻殿堂。

2.3　亦师亦友的羁绊

从 1775 年中到 1786 年在魏玛任职期间，歌德与年长其七岁的宫廷贵妇夏洛特·冯·施泰因（Charlotte von Stein，1742—1827）夫人保持了长达十年的柏拉图式的关系。作为一名因文才得到年轻的魏玛公爵赏识而步入政坛的"青椒"，歌德必须主动去适应宫廷生活，熟谙上流社交圈的施泰因夫人自然地成为他最好的导师。年轻的诗人从她身上不仅体会到了母亲般的温暖，姐姐般的亲昵，也享受着灵魂伴侣似的心灵上的深度契合。

然而，歌德在魏玛的生活并非完全顺心顺意，1786 年秋天，身心均疲惫不堪的歌德不辞而别，只身前往意大利旅游。他与施泰因夫人的关系就此中断，在歌德返回后也难以重圆。尤其是歌德爱上了平民女子克里斯典娜·伍尔匹乌斯（Christiane Vulpius，1765—1816）的事实更是加深了两个人之间的隔阂。

2.4　勇敢的妻

克里斯典娜·伍尔匹乌斯来自魏玛的一个中下阶层家庭，曾是一家绢花厂的女工。为了帮兄长找工作，23 岁的克里斯典娜主动登门寻求年长 16 岁的中年歌德的帮助。歌德爱上了这个"大自然的尤物"，迎接她进了家门，让其掌管家务。但她的出身深受魏玛上层社会的诟病，这段关系也不为大众所接受。诗人常常需要捍卫她的尊严与声誉。

伍尔匹乌斯对于歌德来说，是家中的宝贝，厨房的宝贝，床上的宝贝。比起与施泰因夫人的柏拉图式的爱恋，歌德在她身上真正体会到了肉体与精神高度统一的爱情。伍尔匹乌斯真正做到了隐身于歌德背后，低到尘埃里，只在歌德需要她的时候出现。歌德重视事业远远高于爱情及家庭，尽管伍尔匹乌斯非常希望与歌德共度时光，但当歌德希望独处时，她也总能够忍受孤独。

1806 年，勇敢的克里斯典娜在入侵的法军的枪口下，保护了大文豪歌德的人身安全和他们的家。不久，深受感动的诗人正式迎娶她为妻，以此作为回报。

2.5　更大的自由

与克里斯典娜的稳固的婚姻并不能阻止多情的诗人一再地坠入爱河。

1807 年， 58 岁的歌德向耶拿的出版商弗洛曼（C. F. E. Frommann，1765—1837）的养女，18 岁的威廉明妮· 赫尔茨利普（Wilhelmine Herzlieb，歌德昵称其为"明娜"Minna，1789—1865）大胆地表白了他的深情，却没有得到对方的回应。两年后，歌德出版的小说《亲和力》（*Die Wahlverwandtschaften*）中的女主人公奥蒂莉（Ottilie）的原型，很可能就是明娜。

1808 年，59 岁的诗人热烈追逐 23 岁的贵族女子希尔维·冯·齐格萨尔（Sylvie von Ziegesar，其名被歌德写作 Silvie，1785—1858），在献给她的庆生诗中称她为"女儿"（Tochter）、"女友"（Freundin）和"亲爱的"（Liebchen）。

1814 年，在威斯巴登旅游时，65 岁的歌德结识了银行家冯· 维勒默尔（J. J. von Willemer，1760—1838）和其伴侣玛丽安娜·容格（Marianne Jung，1784—1860），爱上了玛丽安娜，并且得到了对方的热情回应。当时，诗人正热衷于东方学研究，在波斯诗人哈菲兹（Hafis，约 1315—约 1390 年）的影响下写出了多首近东风格的爱情诗。玛丽安娜对歌德的诗歌表现出了极大的热情，两人展开了抒情诗的对话。但是，两人的爱情又再次因诗人的主动退缩而失败。这启发诗人写出了著名的爱情诗集《西东合集》（West—östlicher Divan）中的《苏莱卡卷》（Buch Suleika）。

2.6 黄昏之恋

1821 年，歌德在玛利亚温泉邂逅了他最后的天使，17 岁的乌尔丽克·冯·勒夫曹夫（Ulrike von Levetzow,1804—1899）。一年后，动情的诗人向乌尔丽克求婚，遭到了少女的拒绝。诗人的失落体现在了《玛丽恩巴德悲歌》（Marienbader Elegie）中。

通过上述对歌德爱情生活的概述，我们了解到歌德感情生活的丰富多彩。然而，透过这些爱情经历或者体现，我们是否能找到一些规律性的东西呢？即诗人是如何处理爱情这一亘古难题的，他采取了什么样的共通性的策略呢？

如前所述，沉陷爱情之中的歌德倾向于逃离。就此，Brion（1982：41）曾总结道：

在他过着"鸟的生活"的沙龙中，从来不会缺乏风流韵事；但似乎他通过谨慎策略避免了"任何危险"的结合。对于他来说，"危险"就是使他冒着自我束缚、变得不自由和自我实现的风险的一切。因此，他也倾向于爱上已婚妇女或即将结婚的妇女（与她们所爱的男人结婚，以至于激情不会带来危险），或者会爱上他无法与之结婚的妇女，因为他俩门不当户不对。一旦感受到即将结婚的可能性，他就逃离了。①

从这段话中，我们看到了一个畏惧成婚的自私自利的男人形象。歌德所经历的恋爱的失败，无一不与之相关。歌德希望享受爱情的甜蜜，但又绝对不愿意承担相应的责任。

3 从爱情诗看歌德的爱情观

歌德的一生贯穿着爱恋。与形形色色的女子的爱恋是诗人诗歌创作的灵感来源。那么，歌德的爱情观又是如何？我们可否找到第一手的资料来加以说明呢？

我们发现，歌德丝毫不吝于对此发表其观点。它们或散布于其书信、日记以及谈话中，或是借文学作品中的人物之口说出——是我们获知其爱情观的最直接的线索。关

---

① 笔者译自德文，原文为 "An Liebeleien fehlt es ihm nicht in den Salons, in denen er das ‘Leben eines Vogels’ führt; aber es scheint, daß er sich durch die Strategie der Vorsicht von ‘jeder gefährlichen’ Verbindung fernhält. Und ‘gefährlich’ ist für ihn alles, wobei er Gefahr läuft, sich anzuketten, unfrei zu werden, sich zu verwirklichen. Er verliebt sich deshalb auch vorzugsweise in verheiratete Frauen oder solche, die kurz vor der Heirat stehen (mit einem Mann, den sie lieben, damit die Leidenschaft keinerlei Gefahr mit sich bringt), oder auch in Frauen, die er nicht heiraten kann, da sie nicht standesgemäß sind. Sobald er die drohende Möglichkeit einer Heirat nahen fühlt, flieht er." (Brion, 1982: 41)

于爱情，歌德有一句广为流传的名言："青年男子谁个不善钟情？妙龄女人谁个不善怀春？"① 借这句话，作家揭示了爱情是人类最普遍的情感这一事实。1827 年 7 月 5 日，歌德曾对其秘书 Eckermann（1836：363）提起："可对于我们现代人来说，她们也是唯一尚存的供我们投注自己理想的容器。"② 由此可见，歌德心目中的女性是理想化的，是高于真实的。诸如此类的论述是研究歌德的爱情观的珍贵的第一手资料。

此外，众所周知，歌德的诗歌多是对其真实经历的感悟。不只是写诗，歌德创作的作品，无论小说还是戏剧，大多都融入了自身的经历，有的甚至是呕心沥血换来的。因此，我们可以从歌德的文学作品中挖掘其真实的想法。以下将以歌德的诗句或者文学作品中的话语为依据来展开讨论。现将歌德的爱情观归纳为以下三个方面，以便具体进行分析。

3.1　歌德的浪漫之爱——有条件的"爱情至上"

按爱情二分法来看，歌德的爱情显然多属于浪漫之爱，因为歌德的爱情经历丰富多彩，大多伴随着激情与强烈的渴望，呈现出浪漫主义的色彩。这种色彩体现在诗人"爱情至上"的爱情观上，他将爱情视为人生中最重要的东西。这种爱情观在他的众多作品中均得以体现。通过以下数例，我们能更真切地体会到诗人对爱情的重视。

在其成名作《少年维特的烦恼》中，歌德（1999a：37）借主人翁维特（Werther）之口道出了他对爱情的看法："威廉，你想想这世界要是没有爱情，它在我们心中还会有什么意义！这就如一盏没有亮光的走马灯！可是一当放进亮光去，白壁上便会映出五彩缤纷的图像，尽管仅只是些稍纵即逝的影子；但只要我们能像孩子似的为这种奇妙的现象所迷醉，它也足以造就咱们的幸福呵。"

这句话用比喻的方式形象地描绘出了爱情在歌德心目中至高无上的地位，没有爱情，世界将不再有任何意义。并不止于言语，作家更是从情节的安排上强化了这一观念。歌德对爱情的重视体现在小说的悲剧性结局上——维特因为无望的爱而自杀，可见在当时的作者心中，爱情是重于生命的。虽然现实生活中的歌德并未如维特般自裁，但事实上，他曾随身携带着短剑，常常抵在胸前比画，是确有自杀意图的。

诗人关于爱情类似的表述还有很多。他在一首小诗《最好的》（*Das Beste*）之中说道："再也不会爱，再也不会犯错：这样的人等于活埋了自己。"③ 在其悲剧《埃格蒙特》

① 该句为郭沫若译《少年维特之烦恼》的卷首诗的前两句。《少年维特之烦恼》的初版并没有卷首诗，1775 年出第 2 版时歌德才分别于上、下篇之首各加了一首主题诗，郭老所译卷首诗的前四句置于上篇卷首，后四句放在下篇之前。但后来的版本中这两首诗没有再用。德文为 "Jeder Jüngling sehnt sich, so zu lieben, Jedes Mädchen so geliebt zu sein."
② 笔者译自德文，原文为 "Es ist aber auch das einzige Gefäß, was uns Neuern noch geblieben ist, um unsere Idealität hineinzugießen."（Eckermann, 1836: 363）。
③ 笔者译自德文，原文为 "Wer nicht mehr liebt und nicht mehr irrt, der lasse sich begraben."（Goethe 2013: 348）

（*Egmont*）中，歌德（1999c：185）借主人公的爱人克莱尔辛（Clärchen）之口说出"唯有恋爱的人才是幸福的人"。在其小说《亲和力》中，歌德（1999a：294）借主人公奥蒂莉之口说出："自觉自愿的依附他人是最美的，但不能没有爱。"在赠予恋人弗里德莉克（Friderike）的《欢会与别离》（*Willkommen und Abschied*）中，歌德（1999b：34）也表现出了对陷入爱河的幸福与满足：

> 不过，被人爱，多么福气！
> 而有所爱，又多么幸福！

在《罗马哀歌》中，歌德（1999b：164）写下了突显爱情重要性的名句：

> 哦，罗马，你诚然是一个世界；
> 可要是没有爱，世界不成其为世界，
> 罗马也不成其为罗马。

对于歌德来说，爱情是生活的必需品，也是他源源不断的创作源泉。由歌德开始的任何一段恋情都是出于爱，丝毫不带其他的算计。诗人沉浸于爱情中，体会到了极大的幸福。尽管诗人的大多数爱情都历时短暂，但他当时都是真诚地爱着对方。因种种原因导致的失恋或者爱情失败也曾使诗人万念俱灰，甚至动过自杀的念头。通过写作，他才得以从情伤中解脱出来，获得活下去的勇气。

但是我们也必须要注意到一个事实：有着浪漫主义倾向的诗人，在现实面前，并不总能言行一致。歌德在每段爱情来临的时候，总是立下动人的爱情盟约。然而，随着激情退却，或是遇到现实的阻碍，诗人便会恢复理智，甚至不惜残忍地结束恋情，选择对自己更为有利的人生道路。鉴于这对矛盾，我们能否仍将诗人的爱情观称为爱情至上呢？

笔者认为，欲回答这一问题，还得从爱情观这个概念本身出发。从字面上看，爱情观是一种观念，而观念属于意识的范畴。意识具有指导、控制人的行为和生理活动的作用，但人最终的行为选择必然不会只取决于一种观念，而是经过多方权衡的结果。因此，爱情观大多带有理想主义的色彩，并不总能与现实中的行为选择吻合。爱情本就是非理性的，是一瞬间的冲动，所以笔者并不怀疑诗人高举"爱情至上"大旗时的真诚。但我们不应将歌德神化，为圣人讳。客观地看，歌德的"爱情至上"是有条件的，它只是诗人心中排除现实干扰下的理想状况。一旦加入了现实的考量，这一口号多少有些虚伪。从歌德的爱情经历来看，爱情经常输给了现实，便是对这一口号略带讽刺的注脚。

以上现象，还可以从浪漫之爱的定义上得到解释。按照爱情三角形理论，"浪漫之爱"是亲密与激情因素的组合，而其中并不包含决定 / 承诺。歌德对婚姻的审慎态度使其吝于做出承诺，而承诺是双方确定关系走入婚姻的重要前提。歌德的爱情大多属于"浪漫之爱"，也许在爱情中他也曾许下海誓山盟，但这并非严格意义上的承诺，正是因为缺乏承诺这一重要因素，所以歌德的恋情大多归于失败，未能修成正果。

3.2　歌德的激情之爱——以自由和自我为前提

如前所述，浪漫之爱与激情之爱几乎是同义词，但激情之爱更多地强调性这一因素。歌德的爱情中充满着激情，按 Hatfield & Walster（1978：9）的定义，即"强烈渴望和对方在一起的状态"。这种状态可谓浪漫之爱的常态，在歌德的恋情之中极富有代表性。

按 Lee（1973）的爱情风格理论，歌德的爱情大多属于激情型爱情，即基于强烈的气质、外貌等身体特征的吸引的浪漫的激情的爱。从《新的爱，新的生活》一诗中，我们可以体会到沉迷于爱情的诗人的激情与无助：

新的爱，新的生活

（1775）

心，我的心，这却是为何？
什么事使你不得安宁？
多么奇异的新的生活！
我再也不能将你认清。
失去你所喜爱的一切，
失去你所感到的悲戚，
失去你的勤奋和安静——
唉，怎会弄到这种地境！

是不是青春的花朵，
这可爱的清姿，
这至诚至善的眼波
以无穷魅力勾住了你？
我想赶快离开她，
鼓起勇气躲避她，
我的道路，唉，刹那间，
又把我引到她的身边。

这充满魔力的情网
谁也不能够将它割破，
这轻佻可爱的姑娘

硬用它罩住了我：

我只得按照她的方式，

在她的魔术圈中度日。

这种变化，啊，变得多大！

爱啊！爱啊！你放了我吧！

（歌德，1999b：85—86）

在诗中，歌德描述了爱上丽莉后，生活中发生的天翻地覆的变化。因为热恋中的激情，诗人的心再也无法恢复平静，甚至为了爱人丢失了自我——他被迫改变向来的生活习惯，甚至暂时地荒废了事业追求。诗人一方面强调了爱情的魔力，表达了被迫陷入其中的甜蜜与苦恼；另一方面，诗人感叹着自己的心猿意马，发出了从爱情中解脱的央求，这说明诗人对自由与自我的珍视。基于激情之爱的定义中对性因素的强调，我们可以将上述爱情的魔力理解为丽莉对歌德的性吸引力——"清姿""眼波"与"魅力"正是这种基于强烈的气质、外貌等身体特征的性吸引力的具体写照。虽然爱情让人迷失，但诗人心中仍存理性，潜意识地觉得这样的生活并非其真实所愿。

歌德虽也曾迷失于爱情中，为爱痴狂，但大多数的时候，尤其是当热情渐渐冷却时，他会回复到清醒的状态，严格地审视这段爱情。他判断爱情价值的标准不再是荷尔蒙，而是自由与自我。他的这种选择在心理学上有其依据。

美国家庭系统治疗的奠基者 Bowen（1978）提出了自我分化（Differentiation of Self）概念，它指的是一种能够分辨和管理个人的情感（feelings）和理智（thoughts），并将自我独立于他人之外的能力。它包括了个体内心分化（Intrapsychic Differentiation）——分辨理智过程和感受过程，以及外部人际关系分化（Interpersonal Differentiation）——把自我从他人那里分化出来两个层面。

根据这一理论，歌德是一个自我分化水平极高的人。一方面，他能明辨理智与情感的区别：在感情问题上，情感大多占了上风，诗人非常容易陷入爱情，甚至在年老的时候还会勇敢地追求孙女辈的乌尔丽克；然而，在考虑婚姻这样的人生大事时，诗人就会恢复理智，绝不会因冲动做出决定。另一方面，歌德不会受旁人意见的左右——这不仅体现在他坚持文学创作的自主权上，也体现在他对人生伴侣的选择上。

同时，我们看到，歌德的爱情也拥有占有型的特征，具体表现在歌德对爱人的强烈的占有欲上。歌德经历过的恋爱失败大都源于他过于敏感的自我：与初恋格丽琴的分别正是由于诗人敏感的自尊受到了伤害；与安内特的恋情的结束是出于他无名的嫉妒；为了表达对过多商贾来接近丽莉的妒意，歌德（1982：63）还特意创作了《丽莉的动物园》来加以嘲讽：

任何动物园也不及我

丽莉的那样五花八门！

她所豢养的禽兽珍奇万分，

她自己也不知怎样猎获。

瞧它们跳跃、奔跑、漫步，

张着剪短的翅膀乱扑，

可怜的王子们都挤在一处，

尝着难消的相思之苦！

嫉妒是爱情中经常出现的复杂情绪。有研究表明，这种情绪与自尊相关（克鲁克斯、鲍尔，2003：200）。为了维护自尊，坚持自我，在意识到自身与丽莉两家间不可逾越的门第鸿沟之后，诗人痛斩情丝，撤回了与丽莉的婚约。之后，歌德顶住了世人的冷嘲热讽，最终选择了克里斯典娜作为人生伴侣，也显示出了他过人的自我意识。诗人在爱妻逝世当天写下的挽歌，印证了克里斯典娜对诗人的重大意义：

太阳啊，你想冲破乌云，放出光芒，

却白费力气。

随她我失去了生命的

全部获得，惟有哀泣。

（杨武能，2012：14）

纵观歌德的爱情经历，我们会发现一个共性，即歌德应对绝大多数的感情失败的方法便是弃恋人而出走。这种逃逸是诗人爱情观的一个表象，体现出了他利己主义的倾向：歌德渴望爱情，但不会为爱情放弃事业或者既定的人生追求，即其所肩负的崇高艺术使命。当爱情与之矛盾时，每次诗人都会选择放弃爱情。在这里，诗人向往的自由不仅仅是作为个人选择的行为上的自由，更多的是诗人实现人生追求的，或者更确切地说，完成其艺术使命的自由。

3.3 歌德的伴侣之爱——承诺缺席下的见异思迁

虽然歌德的爱情大多饱含激情，具有深厚的浪漫色彩，但我们无法忽视一个事实：歌德经营的数段爱情中，并不只有浪漫之爱，还有以伴侣之爱为主要特征的恋情。

如前所述，歌德与施泰因夫人的爱情可被视为柏拉图式的精神之恋。从这点上，我们认为，两人间的爱情中缺乏基于性吸引力的激情，因而排除了激情之爱的可能性。从浪漫之爱与激情或者性的紧密关系上来看，这种爱情也不是严格意义上的浪漫之爱。那么，我们是否能说，两人间是典型的伴侣之爱呢？

若我们遵循 Knox & Sporakowski（1968：638—639）对伴侣之爱的定义——"较多地理性化，是一种平静的、可靠的、能给予更多安慰类型的爱情"，则可以得出结论：歌德与施泰因夫人的爱情是伴侣之爱。同样地，按 Hatfield & Walster（1978：2）的定义——"对某人的友情和深度依恋"来看，歌德与施泰因夫人的爱情当属伴侣之爱。然而，若我们以爱情三角形理论为出发点和评判标准，那么歌德与施泰因夫人的爱情因缺少了"决定 / 承诺"这一重要因素，在严格意义上并不能被称为伴侣之爱。

在此需要澄清的是，歌德对施泰因夫人当然做出过承诺。事实上，我们经常能读到诗人热情洋溢的爱情宣言（袁志英，2014：40），若只从字句出发，则可能得出歌德希望与施泰因夫人长相厮守的印象。然而，对于多情的诗人来说，说出这种美好的爱情宣言，可谓驾轻就熟了。这种承诺在某种意义上接近于花言巧语，并非诗人的真实意图。不然，我们就无法解释歌德之后何以借出行意大利疏远施泰因夫人，更不能理解为何在与她交往的同时，又会接连爱上其他的女子，甚至与克里斯典娜长期同居及至最终成婚。

这种伴侣之爱同样出现在歌德与克里斯典娜的婚后生活中。毋庸置疑，歌德与克里斯典娜初识至同居时期的爱情，一定是以激情之爱为主的——"床上的宝贝"这一称呼是对这种爱情的最好注脚。然而，在两人关系的后期，尤其是婚后，激情之爱或者浪漫之爱渐渐褪色，转向了更为理性的伴侣之爱。在这种伴侣之爱中，当然有承诺因素存在，但缺乏忠诚。从婚后的歌德仍然接连坠入爱河的事实来看，对婚姻这种制度，尤其是当时的一夫一妻制来说，这种承诺的实际效用也打了大大的折扣。

综上所述，歌德的伴侣之爱居于相对次要的地位，并且因为缺少了承诺这一重要因素，他的这种伴侣之爱并非是典型的。一般意义上的伴侣之爱往往强调忠诚，然而歌德的爱情观中并不包含忠诚，在与施泰因夫人和克里斯典娜交往的时候，表现出了见异思迁、喜新厌旧的倾向。在这种意义上，歌德的伴侣之爱应属于爱情风格理论中的实用型爱情，即实用的、双方受益的关系或者友谊型爱情：实用型体现在与施泰因夫人或者克里斯典娜的相处中，歌德从施泰因夫人那边得到事业上的助力与心理上的安慰，从克里斯典娜处得到性欲的满足与家庭的美满。爱情风格理论中的友谊型爱情则不完全适用于克里斯典娜，而更适用于施泰因夫人，因为友谊型爱情往往不重视性这一因素。如前所述，歌德与克里斯典娜间素有激情，因而不能将两人间的爱情称之为友谊型爱情；而与施泰因夫人之间堪称柏拉图式的爱情，几乎可排除性的因素，因而完全符合友谊型爱情的定义。

4　结　语

无论从歌德的直接表述中，还是从其文学作品，尤其是其诗句中，我们均可得到其无比珍视爱情的印象——显然，歌德的爱情就其类型而言，以浪漫之爱 / 激情之爱为主。然而，经过仔细的分析，我们发现，其宣称的"爱情至上"是有条件的：一旦与其人生规划或者说事业追求相抵触，歌德就会果断地放弃当时的爱人与恋情。歌德追求的爱情并非对应到具体的个人，而是一种抽象化神圣化的精神存在。歌德的爱情中充满了激情，但这种激情同样是有条件的，它以自由和自我为前提：一旦诗人感觉到自由受限，自尊受损，他便会借出走逃离激情之困。歌德的伴侣之爱居于相对次要的地位，并且因为缺少了承诺这一重要因素，并不包含忠诚，而是带有见异思迁、喜新厌旧的倾向。

参考文献：

[1] Bowen M. *Family Therapy in Clinical Practice*[M]. New York: Jason Aronson Book, 1978.

[2] Brion, M. *Und jeder Atemzug für dich: Goethe und die Liebe. Berechtigte Übersetzung aus dem Französischen von Ulrike von Sobbe*[M]. Wien; Hamburg: P. Zsolnay, 1982.

[3] Eckermann J P. *Gespräche mit Goethe in den letzten Jahren seines Lebens. Bd. 1*[M]. Leipzig: F. A. Brockhaus, 1836.

[4] Goethe J.W V. *Gedichte. Ausgabe letzter Hand 1827*[M]. North Charleston: Createspace Independent Publishing Platform, 2013.

[5] Hatfield E, Walster G. *A New Look at Love*[M]. Reading, Mass.: Addison Wesley, 1978.

[6] Hazan C, Shaver P. Romantic love conceptualized as an attachment process[J]. *Journal of Personality and Social Psychology*, 1987(52): 511–524.

[7] Knox D H, Sporakowski M J. Attitudes of college students toward love[J]. *Journal of Marriage and the Family*, 1968, 30(4): 638–642.

[8] Korff H A. *Die Liebesgedichte des West-Östlichen Divans in zeitlicher Folge mit Einführung und entstehungsgeschichtlichem Kommentar von H. A. KORFF, Zweite Auflage*[M]. Stuttgart: S. Hirzel Verlag Stuttgart, 1949.

[9] Lee J A. *Colours of Love: An Exploration of the Ways of Loving*[M]. Toronto: New Press, 1973.

[10] Sternberg R J. A triangular theory of love[J]. *Psychological Review*, 1986(93): 119–138.

[11] （德国）歌德. 歌德诗集下 [M]. 钱春绮，译. 上海：上海译文出版社，1982.

[12] （德国）歌德. 歌德文集（第 6 卷，少年维特的烦恼，亲与力）[M]. 杨武能，译. 北京：人民文学出版社，1999.

[13] （德国）歌德. 歌德文集（第 8 卷，诗歌）[M]. 冯至，钱春绮，绿原，等，译. 北京：人民文学出版社，1999.

[14] （德国）歌德. 歌德文集（第 7 卷，戏剧选）[M]. 钱春绮，章鹏高，汪久祥，译. 北京：人民文学出版社，1999.

[15] （英国）克鲁克斯，鲍尔. 我们的性 [M]. 张拓红，译. 北京：华夏出版社，2003.

[16] 刘聪颖、邹泓. 国外爱情观研究综述 [J]. 国外社会科学，2009(6): 102.

[17] 杨武能. 南国之恋——关于《迷娘曲》和《罗马哀歌》[J]. 名作欣赏，1987(6): 20.

[18] 杨武能. 走近歌德 [M]. 上海：上海社会科学院出版社，2012.

[19] 袁志英. 歌德情感录——歌德和他的妻子 [M]. 上海：上海书店出版社，2014.

[20] 钟燕. 论歌德小说《亲合力》的主题思想——兼议歌德的婚姻爱情观 [J]. 浙江师范大学学报：社会科学版，2010, 35(3): 55–58.

作者简介：

冯晞，男，1982 年 1 月 31 日生，浙江绍兴人，文学博士，浙江越秀外国语学院西方语言学院德语系讲师，主要从事德语文学研究。

海因里希·冯·克莱斯特和鲁迅小说
中女性形象的跨时空对话

◎刘　莎

　　海因里希·冯·克莱斯特是德国伟大的剧作家、小说家和诗人，文学史家将他和歌德、席勒并称为德国古典文学的三大巨匠，甚至连托马斯·曼、黑塞等大作家都受他影响匪浅。克莱斯特的作品取材于不同的时代、地域和社会阶层，所阐述的主题皆与现实密切相关，其写作内涵深具复杂性、多义性和特殊性。他的笔下塑造了多个来自不同社会阶层、不同种族和具有不同性格特征的女性形象，这些人物形象紧密结合现实，都反映了作者所处时代的社会现实和社会问题，富有现实的批判精神。

　　鲁迅是我国伟大的现实主义作家，他的作品对五四运动以后的中国文化和中国文学产生了深远影响。他的一生始终致力于抨击封建旧势力，揭露社会黑暗现象。他的作品主题大都触及社会现实，始终贯穿着民主革命的人文精神。尤其是对生活在封建社会底层中最弱势、最易受侮辱的中国妇女给予了极大的关注和同情。鲁迅正是通过许多描绘女性形象的作品，将书写女性悲惨命运的主题推向了一个全新的高度，开创了中国文学乃至世界文学的新时代。

　　本文将从"女性主义"和"比较文学"的角度，对克莱斯特和鲁迅小说中塑造的女性形象进行深入的比较，从人物塑造、艺术表现和创作意图这三方面来分析这些女性形象的相同点和独特之处，并把这些特点与作家生存的时代背景和个人经历结合起来分析，以期挖掘出这些特点形成背后深层次的原因。

1　比较异同

1.1　人物塑造

　　克莱斯特和鲁迅在他们的小说中都刻画了许多令人难忘的女性形象，这些女性都受到社会和家庭的双重压迫，也都希望能为自己争取到自由和幸福。其中，克莱斯特主要关注的是有教养的城市上层女性，如《侯爵夫人封·O》（*Die Marquise von O*）中的侯爵夫人封·O，《智利大地震》（*Das Erdbeben in Chili*）中的贵族女子唐娜·荷塞发等；而鲁迅则把注意力更多放在文化程度较低的农村底层女性身上，像《祝福》中的祥林嫂、《离婚》中的爱姑和《明天》中的单四嫂子等。

在克莱斯特的小说中存在着迥然不同的家庭类型：从市民家庭《米夏埃尔·科尔哈斯》到贵族家庭《侯爵夫人封·O》，再到《圣多明各的婚约》，克莱斯特把刻画的家庭类型又延伸到了遥远的海地，在那里白人和黑人之间的战事正进行得如火如荼。此外，他笔下的女性形象既有悲剧性的，也有结局圆满的。在《圣多明各的婚约》中，古斯塔夫枪杀了他的未婚妻托妮，并在意识到自己误解了爱人之后开枪自杀。在《智利大地震》中，荷塞发和赫罗尼莫不顾社会等级的差别而相爱，最终却因此失去了生命。在《侯爵夫人封·O》中，伯爵在举行婚礼一年之后重新赢得了侯爵夫人的心，一家人幸福地生活在了一起。

克莱斯特作品中的女性形象大多富有自我意识和反抗精神，这有悖于当时德国社会对女性的典型标准。侯爵夫人在无意识下怀孕，因此被逐出家门，在经历过复杂多变的人际关系之后，她的自尊心逐渐被唤醒，在意识到自己是无辜的之后，便毅然决然地决定独自抚养两个孩子以及未出世的孩子。荷塞发是贵族女子，与她的家庭教师相爱并未婚先孕，因为社会等级的巨大差异被当时的社会所不容，被家人所不齿，并且受到教会的严厉惩罚，但即便这样仍然不能阻止她对爱情和幸福的向往和追求。混血女子托妮生活在一个充满种族斗争的异化家庭，由于母亲对白人的仇恨，她不得不充当其谋害白人的帮凶。当托妮爱上白人古斯塔夫时，爱情的力量让她幡然醒悟，不惜以身犯险靠自己的智慧和勇气来拯救爱人的家人和朋友。

而鲁迅小说中的女性角色大多拥有悲剧性的人生，她们都是迷信思想和封建道德伦理思想的受害者，思想麻木愚昧、生活艰辛、缺乏远见。《祝福》中的祥林嫂最后沦落到沿街乞讨，在鲁镇辞旧迎新的祥和气氛中死去。《离婚》中的爱姑和丈夫经过三年的抗争最终却以九十元草草离婚。《伤逝》中的子君因为和涓生的爱情破灭，重返家庭，最终导致抑郁而终。

鲁迅描写的女性形象让读者感受到了希望与绝望之间的挣扎和斗争。鲁迅强调"民族性的改造"和"个性的解放"，因此他笔下的人物大多是在旧社会期盼革命的农村妇女形象，如祥林嫂，她干活勤劳，却因"克夫"之说被主人家嫌弃；她性格倔强，不愿再嫁，到头来却仍然无法掌握自己的命运。爱姑，性格勇敢泼辣，却因为丈夫在外有了新欢而被休。子君，渴望婚姻自由却丧失了个体的独立，为爱情离家出走，结果幻想破灭不得不重返家庭。这些女性无一例外都想得到别人的帮助，从而获得解放和救赎。只有子君是个例外，她是一个具有新思想的城市女性，她想摆脱束缚，追求个体解放，遗憾的是在追求解放的过程中却以妥协告终。

1.2 艺术表现

克莱斯特和鲁迅在塑造女性形象时所运用的艺术表现手法也存在着不少异同点。相同点在于这两位作家都从当时的社会现实出发来创造女性形象。他们都忠于当时的历史背景和社会环境，但在不同的历史环境中又呈现出各具特色的女性形象。另外，他们都重视对女性心理的刻画。通过人物的行为、语言和表情挖掘出其内心的想法，通过心理描写表现出不同人物形象的性格特征。他们又都是男性，都从男性角度对女性进行观察、描写和分析。

当然，两者的表现手法也各具特色。克莱斯特的小说情节曲折离奇，发展过程中充满了谜团和秘密，而结局又合情合理，让读者欲罢不能；语言风格个性化，擅长使用套句——反复修饰和说明的句式更能完整表达作者的意图，具有强烈的画面感；多用叙述者的角度来讲述故事。克莱斯特的语言是开放性的，字里行间蕴藏着广阔的想象空间。他对所有事物进行了彻底而无情的描述，因为在他眼里这个世界就是无情的。而当叙述者——也就是作者本人看似对这样的世界做出妥协时，意想不到的事情发生了：在《智利大地震》里，本以为男女主人公已逃脱惩罚，可以去追求向往的生活，然而剧情发生逆转，不幸仍然降临到两人身上。阅读克莱斯特的小说让读者的心绪随着情节跌宕起伏，一直在绝望和希望之间来回摇摆。

克莱斯特富血性但又有理智，易激动但又具教养，欲望太多但又伦理感太强，他的内心充满矛盾。他从不想对任何人保证什么，也从不觉得世间有什么是可以永恒不变的，因此其小说中的人物形象往往集天使和恶魔于一身。像《侯爵夫人封·O》中的伯爵以及《米夏埃尔·科尔哈斯》中的科尔哈斯，这两人都是非常正直的人，但是这两个人物又同时兼具恶的特性：伯爵在侯爵夫人失去意识后强暴了她，而科尔哈斯则为了所谓的伸张正义间接让妻子死于非命。

鲁迅是中国新文化运动的领军人物之一，他发表了第一篇白话文小说。他在写作上创造了自己独特的表达风格：语言简洁、新颖、准确、深刻、独特而又不乏幽默。此外，他善于运用各种能使作品精彩又引人深思的修辞手法。比如，在《伤逝》中多次运用了排比句：五个"这样"，两个"我恨"和三个"我想"，表达了涓生对子君深深的思念和悲痛之情。鲁迅的小说不像克莱斯特的以通过令人意想不到的故事情节取胜，而是通过栩栩如生的人物塑造赢得读者。他丰富多样的叙事结构和创作形式符合故事中人物的性格特征，因此创造出了许多形象生动的人物形象。

鲁迅的小说将现实主义与象征主义相结合，将悲剧与讽刺相结合，没有离奇曲折的剧情，而是以底层百姓的生活为主，注重细节描写，以白描手法刻画鲜明的人物形象，并挖掘其微妙的心理变化；语言简练、犀利又具有讽刺意味；多用第一人称的角度来回忆往事。这不仅使读者感到自然而生动，还赋予了作品深刻的思想意义。

1.3　创作意图

克莱斯特和鲁迅的作品及思想在各自生活的时代都具有叛逆性，也具有前瞻性和历史性。他们的作品都深刻反映了当时生活的那个时代，因此具有很强的现实意义。他们用犀利的艺术手法表现人们对自由的渴望和追求，以此来寻求个人自由发展的空间，实现个人精神理想，而不是社会的要求，以期与严酷的现实和环境做斗争。

克莱斯特的作品和思想推翻了人们一直以来惯有的思维方式：他认为，事物发展并不总合乎理性，非理性反而更切合实际。他小说中展现的世界充满了动荡和矛盾，反映的现实残酷而丑陋。他试图让同时代人通过其作品意识到这些潜藏的社会问题。他把批判的矛头直指封建统治的支柱即大贵族、大地主和教会势力，其中对教会势力的揭露和抨击更是无情和入木三分。正是他作品中的矛盾、分裂和不安反映了这位生活在 19 世纪初的作家所独有的现代性。在《侯爵夫人封·O》中，我们第一次看到了单身母亲追求地位解放的努力。当今社会，单身母亲并不少见，她们已经渐渐被家庭和社会所接纳。由此可见，克莱斯特在这部小说中揭示了一个直到 20 世纪才有所进步的社会主题。小说《圣多明各的婚约》一方面涉及种族冲突，另一方面关乎信任以及没有得到家人同意的爱情的后果。毫无疑问，在当今社会中，黑人和白人之间已经可以联姻，尽管家庭成员并不见得都能接受。

鲁迅在小说中批判了封建势力下的政权、神权、族权和夫权对女性的侮辱和伤害，揭示出造成她们人生悲剧的根源所在。女性作为中国漫长历史里长期处于奴役地位，长期带有底层身份的群体，对她们生活经历的描写本身就具有反封建的性质。而作为反封建斗士的鲁迅自然也会借助创作女性形象来抨击封建礼教，进而达到改造国民性的最终目的。在对女性形象身份的选择上，鲁迅是全面的。他不仅塑造了封建社会农村妇女的典型形象单四嫂子、祥林嫂、爱姑等，还为我们呈现了一位城市新女性子君。鲁迅试图表明思想中的"封建"与卑劣的国民性是没有"城乡差异"的。这几位鲁迅作品中最具代表性的女性形象为读者呈现了"吃人"礼教在"吃"的方式上的多样性。深刻表明了在一个封建性占主导的国家里，在一种愚昧无知的国民性大环境下，个体的悲剧命运无法逃避。妇女的解放必须与国民性的改造结合起来才有实现的可能。在某种程度上，鲁迅用这几个女性形象也昭示和暗示了一个更为深远的社会革命方向。

尽管克莱斯特和鲁迅所创造的女性形象无论生活环境还是性格特征都迥然不同，但是他们在追求女性的个体意识，体现女性的生存困境，寻求女性的解放之路这一点上不谋而合。

2 剖析原因

2.1 历史背景

2.1.1 海因里希·冯·克莱斯特

海因里希·冯·克莱斯特生活在 18 世纪末 19 世纪初的欧洲，当时的德国正处于从封建社会到市民社会的新旧体制交替的转型期，社会、政治和文化等众多领域都发生了重大的变革。工业革命蓬勃发展，导致家庭中男主外、女主内模式的确立，中产阶级女性成为家庭妇女——男性的附庸。费希特（Fichte）（1796：304）在《自然法权基础》中认为："女性不属于自己，而是属于男性。女性结婚前处于父亲的权威之下；结婚后要完全服从于她的丈夫。"随着法国大革命（1789—1794）的爆发，女性希望获得更多的权利，女权运动轰轰烈烈地开展起来（一些男性也参与其中）。女性积极反抗专制政权，女性团体陆续在巴黎成立。她们除了要求和男人享有同样的参政权外，还要求修改婚姻法，提高女性的社会地位。但是，在拿破仑政权的影响下，父权制反而得到了进一步强化。此后，女性再没有机会参加文化活动，没有选举权，并且也取消了法律对已婚女性的保护，丈夫成为其法律上的保护人。女性希望直接通过自身努力而实现权利成为不可能。但是，随着女权运动的开展和资产阶级小家庭的形成，人们对内心和情感的渴望和向往也孕育而生。人们开始试图去了解女性的心理并寻求两性——除生理差异之外在心理方面的差异，并从中得出男性天生属于社会生活，而女性更适合家庭生活的结论。两性应遵从由自然界确立的不同分工，并且发展和完善彼此不同而又互补的性别特点。克莱斯特是当时少数几个支持女性新形象的男性之一。虽然女性的感情和心理状况得到了重视和改善，但社会地位并没有显著的提高。女性在职场中的地位远远不如男性，现实中婚姻才是当时女性价值和存在感的体现。然而，即便是自由恋爱也不能完全被社会所接受，因为恋爱也会带来潜在的风险，如名誉受损、未婚先孕和生存威胁（《侯爵夫人封·O》中的侯爵夫人，《智利大地震》中的唐娜·荷塞发）。

2.1.2 鲁　迅

1911年，辛亥革命推翻了清朝的统治，一群受过西方教育的知识分子发起了"反传统、反孔教、反文言"的思想文化革新、文学革命运动——新文化运动，这场以鲁迅为核心人物之一的文化革新更多的是知识分子对儒家传统意识形态的反叛，他们不断批判封建社会的不平等现象。在抨击封建专制的同时，他们也关注女性问题，提出了男女平等思想。20世纪初期，女权运动崛起，其中一项重要内容就是争取教育权，在资产阶级及知识分子的大力提倡、女权运动的强烈呼唤、政府的倡导以及西方教会来华势力办学活动的影响下，兴起了近代中国新式女子教育。一些知识女性独立地参与到社会活动中，女性的主体意识开始觉醒。少数进步人士开始从女性的角度思考她们的社会处境，并进一步顾及女性的各方面需求。由于女权运动附属于资产阶级革命运动，女性是被解放的对象而不是自我要求解放，因此当时的女权运动具有显著的男性特色。

2.2　个人经历

2.2.1　克莱斯特

克莱斯特父母早逝，他从小缺少家庭温暖，只和同父异母的姐姐乌尔丽克（Ulrike）一直保持不错的关系。他早年因家族传统而从军，后因厌烦军旅生活辞去军职。同年，他进入法兰克福大学学习经济学、哲学及自然科学。在此期间，克莱斯特结识了将军的女儿威廉明娜（Wilhelmine）并提出要与之结婚。但是，威廉明娜的父母提出结婚的前提是克莱斯特必须有一份稳定的工作。因此，他曾承诺在完成学业后立即去办公室任职。不过，在他的坚持下，两人还是秘密订了婚，因为克莱斯特（1848：37）认为"一旦婚讯被曝光，爱情的魅力就会大打折扣。"他的这个想法在小说《圣多明各的婚约》里也得到了充分体现：托妮和古斯塔夫在发生性关系后秘密订了婚，并没有告知双方家人。次年，克莱斯特秘密前往维尔茨堡，关于此次旅行的目的他并未对任何人言明，只是给姐姐乌尔丽克写了封信："即使可以，也不要弄清楚我这次旅行的目的。替我向威廉明娜问好。把有关康德哲学的文章寄给我。我很快回来。"（Curt Hohoff，1999：22）这趟旅行为他以后的文学创作打下了深深的烙印。此后，克莱斯特由于康德学说陷入了认知危机，动摇了他的思想根基。他不再相信科学是获得知识和真理的途径，于是便终止了自然科学研究，继而全身心地投入了文学创作之中，以满足内心的需求。而他之后文学创作的核心内容也与此危机有关——质疑人类认知和情感的确定性，表现脆弱的现实和难以破解的真相。《米夏埃尔·科尔哈斯》《侯爵夫人封·O》《智利大地震》和《圣多明各的婚约》等都是围绕着认知与现实之间的矛盾，揭示在自然威力、突发事件和意识严重错误的猛烈冲击下，人的情感和认知会被引入歧途。

克莱斯特深知女性在社会上受到的歧视，他对女性持有在当时社会中并不被大多数人接受的观点——重视女性教育。克莱斯特是在为曾格将军家中的女儿们举办的讲座中结识了威廉明娜。他授课非常严格，如果她们低声谈话打扰到他的演讲时就会保持沉默。他还给她们进行思维训练，以激发她们的思维习惯，可以更容易理解文学作品。他在给威廉明娜的信中也多次提到教育问题，因为在他看来，"教育能够完善人格，对将来家庭生活以及子女的教育都颇有益处。"（Helmut Sembner，1992：42）在克莱斯特的多次旅行中，人们经常能看到他姐姐乌尔丽克和他一起穿着男装出现在公众场合，并一起参与当时女性很少出现的社会活动中。因此，他小说中的女主人公多是出身于富裕的中产阶级家庭，接受过教育且有自我意识的女性形象。

克莱斯特在他人生的最后阶段认识了亨丽埃特·福格尔（Henriette Vogel）。她爱好音乐，与克莱斯特兴趣相投，成为好友。亨丽埃特身患不治之症，对生活充满了绝望。因此，一直想自杀的克莱斯特视她为一同赴死的理想伴侣。1811年，在万湖边，克莱斯特先开枪打死了亨丽埃特，然后又开枪自杀，两人被合葬在万湖边上。他的人生就像小说《圣多明各的婚约》的结局一样：古斯塔夫开枪杀死了爱人托妮，然后开枪自杀，最后被家人合葬在一起。

2.2.2 鲁　迅

鲁迅虽出生于封建家长制大家庭，然而家族里的男性家长开明不死板，对孩子的要求相对宽松，除了儒家传统书籍，还可以看所谓小说之类的闲书；另一方面，家族中的女性家长资质甚高，个性很强，不是那种循规蹈矩的传统女性，更非胆小怕事，性格中有刚强和洒脱的一面。周家几代人的做人原则是："如果先去欺负别人，是不行的；如果无故受欺负，就可以以眼还眼、以牙还牙。"（李新宇，2018：12）因此，他的个性倔强不屈服，不顾国民党的迫害和世人的争议，坚持走自己认定的道路。

鲁迅笔下的很多人物形象都能从他的邻里乡党身上找到些许影子，女性也不例外。周作人在《鲁迅小说里的人物》一书中对鲁迅小说里的人物进行了原型索引，背景事迹考证，他（2018：194-195）认为："《祝福》中的祥林嫂形象来自鲁迅的一个远方伯母，虽然故事已完全不相同，但是精神失常的原因都是因为失去儿子的悲哀，在这一点上她们两人可以说是有些相同的。祥林嫂因为再嫁害怕死后被锯成两半，以至于穷死。

而这种迷信思想在民间相当普遍，再嫁也被视为不贞的表现。"小说《头发的故事》里有一段关于女人剪发的问题。剪掉头发的女生因此考不进学校，或者被学校除名都是现实中存在的事情。女人的头发仿佛有礼教的意义，剪去长发无异于打倒礼教，所以是绝不可容许的。鲁迅便很替那些因剪发而吃苦受难的女子不平，也可惜她们无谓的牺牲。

鲁迅终其一生都在从事着一项伟大的工作："解剖"自己和中国社会。在他的小说中，尽管主人公大多命运悲惨，但总能让读者在绝望中感觉到还有一条通往希望的道路。对于中国女性的社会状况和地位，鲁迅除了给予同情之外，还希望能够唤醒她们的自我意识，并帮助她们过上新生活。他（1995：165）曾犀利地表示："我一向不相信昭君出塞会安汉，木兰从军就可以保隋；也不信妲己亡殷，西施沼吴，杨妃乱唐的那些古老话。我以为在男权社会里，女人是绝不会有这种大力量的，兴亡的责任都应该男的负。但向来的男性的作者大抵将败亡的大罪推在女性身上，这真是一钱不值的没有出息的男人。"

3　结　语

克莱斯特和鲁迅生活的时代都是国家处于内忧外患，国家制度转型，各种改革新思潮纷纷涌现的时期。两人都深受外来先进思想的影响，并在他们的作品中予以充分的展现。他们的作品均具有现代性，饱受同时代人的非议和批判，却受到后人的高度赞赏和认可，并在世界文学领域里占有一席之地。他们的一生都可谓身世坎坷，颠沛流离。然而，他们小说中的女性形象无论生活环境还是性格特征都迥然不同。这大抵跟两位作家的生活环境息息相关。克莱斯特出身普鲁士传统的军事世家，生活在一个富裕的大城市，他先遵循家族传统成为军官，退役后进入大学学习，并与一将军的女儿订婚。因此，他身处上流社会，接触的都是上层人士。但同时，他又接受启蒙思想的熏陶，想法激进多变，渴望脱离保守和传统的社会。因此，他小说中的女性形象大多出身贵族，富有教养但又不满家庭和社会的束缚，主动要求自我解放，寻求自我价值的实现，追求自己理想中的生活。

而鲁迅从小生活在一个相对闭塞落后的封建小城，身边多是些没有文化的底层老百姓。因为幼年家道中落，饱尝世态炎凉。虽然他之后去国外留学，广泛阅读国外文学和社会科学方面的著作，深受维新思潮和进化论学说的影响，回国后和一群先进知识分子共同积极弘扬新文化、新思想和新道德。但是，童年的悲惨经历给他留下了不可磨灭的记忆甚至是阴影，所以他希望能利用那些生活在社会底层，愚昧迷信，被压迫而不自知的农村妇女形象来呼吁社会制度的变革，给她们指明一条解放的道路。

参考文献：

[1] Curt Hohoff. *Heinrich von Kleist. Mit Selbstzeugnissen und Bilddokumenten*[M]. Kurt Kusenberg. 32.

Aufl. Hamburg: Rohwolt, 1999.

[2] Eduard V B ü low. *Kleists Leben und Briefe*[M]. Berlin, 1848. Zit. n. Helmut Sembner:*Heinrich von Kleists Lebensspuren*, S. 37.

[3] Helmut Sembner. *Heinrich von Kleists Lebensspuren, Dokumente und Berichte der Zeitgenossen*[M]. Hrsg. Helmut Sembdner. Aufl. Frankfurt a. Main, Leipzig: Insel, 1992.

[4] Johann Gottlieb Fichte. *Grundlagen des Naturrechts nach den Prinzipien der Wissenschaftslehre*[M]. Akademie Verlag, 1796.

[5] 李新宇 . 鲁迅的出身和周家的文化 [J]. 关东学刊 , 2018(1): 12.

[6] 鲁迅 . 鲁迅全集 : 第 6 卷 [M]. 哈尔滨 : 黑龙江人民出版社 , 2004.

[7] 周作人 . 鲁迅小说里的人物 [M]. 南京 : 江苏人民出版社 , 2018.

作者简介：

刘莎，女，1983 年 9 月生，浙江绍兴人，文学硕士，浙江越秀外国语学院西方语言学院讲师，主要从事德语语言文学研究。

日本的蛇信仰与百越的蛇图腾崇拜考略

◎孙思佳

世界上有很多国家不同程度的存在蛇崇拜现象，如"古代希腊、罗马、埃及、印度、东南亚、日本、美洲等许多地区都存在有关蛇类的千奇百怪的神话传说、形形色色的崇拜与禁忌。"（郑岩，1989：37）在日本，蛇崇拜从绳文中期发轫，经过弥生时代的发展后，作为一种普遍的信仰融入日本人的观念中并传承下来，至今仍有诸多与蛇有关的神话传说、民间习俗在日本广为流传，蛇及其图腾甚至被作为神祇供人敬拜。倘若我们对日本的蛇崇拜现象追根溯源的话，便会追溯至远古时期中国越地的蛇图腾崇拜。"越"是曾经活跃于中国东南沿海的一个族群，在上古中原华夏视野中，越人属于"南蛮"，蛇图腾崇拜是其重要的族群识别符号，文献上对越人的蛇信仰亦多有记载，东汉许慎《说文解字》载："蛮，南蛮，蛇种。从虫，亦声"，"闽，东南越，蛇种，从虫、门声"（十三篇上·虫部）。身处稻作文化发源地的古越人，从史前开始，便或因居住环境的急剧变化，或因政治、战争等因素，历经数次大规模的迁徙，其中一部分越人漂洋过海到达日本，为日本带去了影响极为深远的古越文化。这种外来文化逐渐被日本的本土文化所吸收，成为本土文化的一个重要组成部分，为其后世带来广泛、深远和持久的影响。基于以上所述，日本的蛇信仰与中国越地的蛇信仰之间存在着诸多相似之处也就顺理成章了。

为了更为清晰地梳理日本崇蛇习俗从发生到积淀的历史，本文将从考古发现、祭祀、文学记事等方面进行考察，着重分析"蛇"的宗教文化内涵和形象的多面性。这里所说的多面性，其中就有原始土著纯粹的生殖崇拜，有作为社稷神、海神、山神等的正面蛇神，也有代表凶恶、狡诈的反面蛇妖。这种意识形态的多面性是越文化辐射下发展、变化的结果，与古越人的迁徙、崇蛇文化的传入及其与本土文化的交汇融合息息相关。

1 早期蛇崇拜探源

在没有文字记录的史前或早期历史上，人类往往把对自然的感受和认识刻画在物体上。史前陶土器的装饰艺术中，某些纹样就蕴含了特殊的原始信仰，成为探索文化起源的重要对象。蛇的具象化图案出现在日本土器中的历史可以追溯至绳文时代中期，这一时期的长野县藤内 16 号住居遗址曾发现一具绳文中期前半期的女性陶俑（图1），其整体呈板式，有突出的乳房，头部盘有蝮蛇。绳文中期的日本尚处于母系氏族阶段，因此该时期出土的土器中，用以表现人类的陶俑往往以女性居多。其突出的乳房表达了女性是孕育生命的本源，暗示了女性所拥有的神秘力量。绳文人把女性作为神的化身，其时还出现了能通神事的巫女。就生态学意义而言，蛇的蜕皮新生、二十小时以上长时间交尾以及大量繁殖的生物特性表现出其强大的生命力，蛇的剧毒可致死，更使人产生敬畏之心。绳文人把蛇装饰到作为女性神象征的女性陶俑头上，赋予其神圣的至高地位。显然，这是把蛇崇拜与生殖崇拜相关联，在巫术盛行的时代，人们用这种方式获取生存和繁衍的力量。

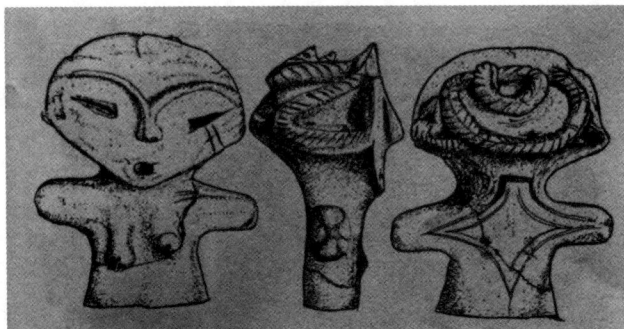

图 1　头戴蝮蛇的女性陶俑

无独有偶，山梨县安道寺遗迹 8 号住居遗址出土的绳文时代中期的有孔敞口土器（图 2），腹部则用堆塑工艺装饰着一条盘踞的蝮蛇，蛇头向上昂起，呈三角形，蛇身刻满十分细小的圈，以示蛇皮上的花纹。这个纹样立刻就让人联想起台湾排湾族的陶器上类似的图案。众所周知，排湾族是越人的后裔，视百步蛇为图腾，以蛇为祖先之化身，至今仍保留着鲜明的蛇信仰习俗。吴春明（2012）认为，他们的室内摆设和各种生活用具都不同程度地装饰蛇纹（图 3）。图 3 盘蛇尾部弯曲盘踞，蛇身上刻画着百步蛇独特的三角形花纹，尖锐的头部昂然上冲，其沛然而生的力量感让人为之心惊。厦门海峡两岸博物馆馆藏的台湾排湾族祭典用蛇纹陶壶（图 4），其壶腹部左右则堆塑两条百步蛇，呈盘踞而上之势，蛇的双目炯炯有神，整体形制与日本的蛇纹土器颇为相似。

图 2　有孔敞口土器

图3　台湾排湾族器具装饰上的蛇纹　　　图4　台湾排湾族祭典用蛇纹陶壶

　　日本绳文时代中期的土器中，除了具体的蛇形态表现外，还有一些抽象化的纹样，如井户尻考古馆馆藏之绳文时代中期的人面香炉形土器（图5、图6），其形象为孕育火神的女性神。正面是典型的绳文陶俑中女性的面孔，腹部中空，用于燃火。后背左右两个大圆孔与青蛙的眼睛相似，故称为"蛙纹"。圆孔之间迂回弯曲的纹样酷似蛇盘旋而上的姿态，同时出现的蛇和蛙当然是一种生命力的象征。蛇经蜕皮后重生，青蛙经冬眠后再生。这种顽强的生命力与土器内点燃的火相重合，孕育在女性神的腹腔内，明白无误地表现了绳文人的生殖崇拜。

　　此外，女性神脑后有多处类似云雷纹的纹样，显然是盘旋于女性神头部之蛇这一形象的简约化或抽象化。杨建芳（2012）认为，云雷纹的原型是自然界的蛇。其实，在古越族聚居的今江苏南部和浙江北部地区曾产生良渚文化，这种文化的陶器、玉器上也曾大量出现云雷纹。例如，上海青浦福泉山M65良渚文化陶壶残片，"其通体刻满盘蛇纹，并在蛇身和空白处刻有许多云雷纹"（图7）。（黄宣佩，2000：100）事实上，良渚文化的陶器中有不少写实或接近写实的蛇形图案，与云雷纹相得益彰，形成一组特殊的陶器装饰艺术，充分反映了越人的蛇崇拜习俗。

图5　人面香炉形土器（背面）　　图6　人面香炉形土器（正面）

图 7　上海青浦福泉山 M65 良渚文化陶壶残片

中日早期陶土器中蛇形纹样的相似性，说明两国的崇蛇文化存在着同源关系。通过追溯古越人迁徙和流散的历史，可以发现早在新石器时代甚至更为久远的往昔，古越人就运用早期的航海技术外迁。距今大约 8 000 年前，随着卷转虫海侵，古越族赖以生存的宁绍平原成为一片浅海。原本山林丰饶、又有鱼盐之利的平原环境迅速恶化，古越人得天独厚的生活环境不复存在，因此发生了越人历史上第一次大规模的迁徙。在这次大迁徙中，"其中的一部分越人流散至现今中国南部各省，另一部分则利用原始的独木舟或木筏漂向日本、南洋群岛、中南半岛"。（方杰，1998：10）正如《越绝书·越绝外传记地传》所载："夫越性脆而愚，水行而山处，以船为车，以楫为马，往若飘风，去则难从……"古越人在这次大迁徙中足迹遍布东南各大岛屿。其实，"考古学家早在上个世纪初，就凭借有段、有肩石器和印纹陶文化，提出中国东南沿海一带是这些国家和地区早期文化的源头之观点"。（吴春明，2011：126）2002 年萧山跨湖桥遗址出土的独木舟也佐证了这一事实。

由此可见，日本早期文化的发生受到了外来的越文化的影响，其蛇信仰与越人的崇蛇文化有一脉相承的亲缘性。这一时期的蛇信仰与当时人类在充满危险的生活环境中产生的原始思维方式相适应，是人类对大自然早期认识的朴素反映。那个时代的人们经常遭受毒蛇猛兽的侵扰，出于恐惧或敬畏的心理，也为求得安宁的生活和繁衍的力量，他们主动与具有神秘力量的蛇建立亲近关系，将人类想象为它们的同类，以此寻求心灵的慰藉和寄托，这就是原始蛇信仰最核心的内涵。

2　祭祀与蛇神

日本的原始蛇信仰发展至绳文末期，便出现了较大变化，这种变化的产生源于百越先民所带来的稻作文化的影响。早在大约 4 000 年前（相当于日本的绳文末期），北方旱作畜牧民大举南下，长江流域各部族被驱赶流放。据《史记·五帝本纪》载："三苗在江淮、荆州数为乱。于是舜归而言于帝，请流共工于幽陵，以变北狄；放驩兜于崇山，以变南蛮；迁三苗于三危，以变西戎；殛鲧于羽山，以变东夷：四罪而天下咸服。"在这次大逃亡过程中，湖南澧阳平原的稻作民逃亡至云贵山地，而沿海地区的吴人、越人则出海逃亡至台湾岛乃至日本列岛等地。在此后的春秋战国时期，列国争霸连年激战，越王勾践于公元前494年败于吴王夫差，险些聚过覆亡，经过"十年生聚，十年教训"，于公元前468年称霸天下。越王无疆后于公元前334年败于楚国，于是越国分崩离析。至公元前222年，秦统一中原之后，大举攻下江南，降越君，越灭亡。秦施暴政，百姓生灵涂炭，汉朝建立后，"汉武帝好武喜功，东征西战，仅中国沿海一带就有攻闽越（公元前138年，今福建一带），击南越（公元前112年，今广东广西一带），平东越（公元前110年，今浙江一带）"，（金健人，2001：140）这持续四五百年之久的战乱造成了百越难民的再一次集团性大移动。

也是在这一时期，稻作文化随着越人东渡而传入日本列岛，这不仅打破了绳文土著的生活方式，更是大幅度推动了当地的文明进程，促进以农耕社会为中心的日本弥生文化的形成。关于这一点，中日学者已从考古学、人类学、历史学等角度做了大量论述。尤其是佐藤洋一郎（2002）的稻种DNA分析和筱田谦一（2007）的人类DNA分析，为这一观点增添了又一实证。随着农耕社会的发展，弥生人大量开垦田地、种植水稻，在这一过程中饱受鼠患所扰，而蛇是老鼠的天敌，因此人们便把蛇当作象征谷物丰收的社稷神一般敬拜。于是，人们开始饲养蛇、祭祀蛇，而祭祀的地点则多种多样，或于森林，或入山岳，或在屋内，此后，祭祀蛇神就成为日本人生活中重要的民俗流传开来。

譬如，土室神事便是诹访上社的冬祭。土室是延续自绳文时代竖穴居室的一种建筑，也是专门为祀奉蛇神而建的小型圆锥形土屋。《诹访神道缘起》就曾记载诹访的祭蛇民俗——冬祭从每年十二月开始，至翌年三月，人们把稻草做成的蛇放置土屋内供奉。元旦那日深夜，人们在土屋进行占卜等巫术，祭祀开始初日，在土屋中放入小型稻草蛇，其后逐次调换成体型较大的稻草蛇，最后一次则放入身长五丈五尺，身围八寸的大蛇。就这样，稻草蛇便人为地完成了"蜕皮"和"生长"这一过程。由此可见，稻草蛇象征着社稷神，蛇神的生长寓意着稻作增产丰收。而每年三月是播种的季节，人们通过从元旦持续到次年春天这长达三个月的祭祀，寄托了对禾稔年丰的虔诚祈愿。

在这一时期，日本的蛇信仰文化内涵日益丰富，蛇除了是社稷神的化身，还作为山神、海神受人尊拜。据《常陆国风土记》所载，所驭天皇（5世纪的继体大王）治世时期，常陆国行方郡有一名叫箭括氏麻多智的人，在芦苇之地开垦新田时遭到"夜刀神"（蛇神）的反对。其时，夜刀神聚集而来，左右设障，阻挠箭括氏麻多智耕佃。于是箭括氏麻多智大怒，身披甲盔，手执大杖，打杀驱逐，把夜刀神赶到山口，挖沟树标，对夜刀神说：以沟和标为界，"自此以上为神地，自此以下须作人田，自今以后，吾为神祝，永代敬祭，冀勿祟勿恨"。（王海燕，2014：198）依其所言，箭括氏麻多智设立神社，子孙世代祭祀夜刀神。

显然，随着农田不断地被开发，伴随而来的就是自然环境的大规模破坏。人们把蛇驱逐上山，从此人神分界，世代对蛇加以"敬祭"。因此，蛇神亦被看作山神的化身。据说，三轮山祭祀的神明"大物主神"的本体就是蛇。

奈良县东南部樱井市的"大神神社"是日本最古老的神社之一，祭祀的是附近三轮山的神明大物主神。有关大物主神是神蛇的传说有几个版本，据《日本书纪》记载，大物主神夜访倭迹迹日百袭姬的闺房，当被要求露出真面目时，他百般拒绝，却实在拗不过她的好奇心，便让她于翌日清晨观收纳盒，届时百袭姬打开收纳盒一看，却发现是一条小黑蛇。此外，辻本好孝的《和州祭礼记》中记载有关"庄严讲"的神事活动，充分反映了人们的山神崇拜，其大意概括如下：矶城郡织田村大字茅原有一种叫作"庄严讲"的神事活动，曾把载有庆长十五年正月十一日之神事以及参与人员名单的书卷放入箱中，箱子周围用绳子缠绕七圈半，放置于祭坛之中。此箱被视为三轮明神的分灵，人们朝夕各拜一次，持续一年。此箱之所以用绳子外绕七圈半，是因为据传三轮山的明神是"巳"（蛇），它的身体盘绕在三轮山上，正好七圈半。于是，人们借此把供奉明神分灵的箱子视作三轮山，把绳子想象成大蛇。

由此可知，三轮山其外观看似一座圆锥形的山，宛若一条盘踞而上的巨蛇。蛇的这种盘踞形态与上古时期用来烧饭的甑倒置过来的样子极为相似，因此被称为"甑立"。有趣的是，日本人将有神灵的山称为"神奈备"山，而所有"神奈备"山无一例外地都具有圆锥形这一外形特征，这显然与蛇"甑立"的形象有关。吉野裕子（2007，63-72）认为，蛇"甑立"的形象似乎是蛇神的"正位"，具有一种不可冒犯的威严感。这一点我们可以从神社前供奉的蛇神像中得到更为真切的感受。

佐太神社位于岛根县出云市，社神前供奉的则为海蛇神（图8），其整体呈盘踞状，蛇尾从盘踞的蛇身中间遒劲有力地直冲而出，头部从盘绕着的蛇身中上挺，身体上部向前探出，双目如炬，嘴巴狭长微张，露出两排尖利的牙齿，其威严神武之势让人颇为震撼。神社以"柏扇"为神体，将扇子的纹样作为神纹。该神社最大的祭祀活动是每年十一月二十五日的"忌祭"。据说在这一天，出云的每个海湾都会出现龙蛇。这是一种背黑腹黄，尾部托着神扇的海蛇，其为海神的使者，也是忌祭的主角。由此可见，除了社稷神、山神外，日本人还把蛇神作为海神加以供奉，显然蛇神也是日本人海洋信仰的重要组成部分。

图 8　佐太神社蛇神图

另外，在中国，蛇神是蛇图腾文化中最为核心的部分，其在百越社会中源远流长。

相较于一海之隔的日本，供奉蛇神、祭祀蛇神等民俗活动更为广泛地留存于百越人的生活之中。譬如，海神祭祀主要流行于福建、台湾、广东、广西、香港等地，这些地区的沿海地带曾出土刻有蛇的岩画，与蛇纹并出的大部分图纹是与水有关的圆圈纹、圆涡纹、波浪纹等，"绘制这些岩画的意义就在于镇住水患，祈求水神的护佑"。（陈兆复，1991：200）再如，福建沿海的东方海神"妈祖"以及岭南西江流域和珠江流域崇拜的至高无上的水神"龙母"，都被当地民众视作蛇神的化身而世代受人祭拜。

除了代表海神的"妈祖""龙母"外，百越还存在许多代表祖神、社稷神的"蛇神""蛇王"崇拜。譬如，江浙闽一带随处可见"蛇王庙"，人们认为蛇象征吉利，能给人带来钱财或福气。林蔚文（1991，88-90）指出，南平樟湖板镇的"蛇王庙"更是每年举办两次崇蛇活动，分别是农历正月十七至十九的"游蛇灯"和农历七月初七的活蛇赛神。而姜彬（1992）认为，在江苏地区，太仓、常州、宜兴一代至今还常见"请蛮家（蛇神）"的巫术，祭品团子为蛋形食物，象征蛇蛋，寓意子孙延绵、安宁富裕。

除了祭祀蛇神的民俗外，越人还继承了丰富的蛇图腾文化，如骆越后裔海南黎族借助文身样式表现出的蛇图腾文化（图9）。宋代范成大所著《桂海虞衡志》即有相关记载："女及笄，即黥颊为细花纹，谓之绣面……"关于黎族蛇祖传说与纹蛇，亦有"'斜形文素'甚似蛇身纹样，故而得名'蟒蛇美孚'"（王学萍，2004：244-260）之说。

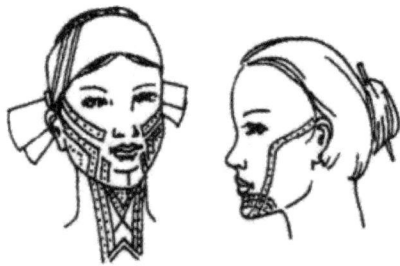

图 9　海南黎族蛇形纹身

有关古越族纹身的功能，《淮南子·原道训》则载曰："九嶷之南，陆事寡而水事众，于是人民披发纹身，以像鳞虫……"众所周知，古越人纹身以示自己为蛇之同类，意在寻求彼者保护，就这一意义而言，黎族的黥面当然是古越族纹身习俗的延续。另外，越人常将蛇图腾表现在带钩上，如现藏于绍兴市越中艺术博物馆的一组春秋战国时期青铜蛇形带钩（图10、图11、图12），蛇形勾首刻画精美、栩栩如生，勾身上刻满蟠虺纹。这类带钩是钩挂腰带的钩子，为古代上层人士必备之物。《孙子兵法·九地》有载："故善用兵者，譬如率然。率然者，常山之蛇也。"这里所说的常山位于浙江省西部，在战争频发的春秋战国时代，越人骁勇善战，称霸一方，在他们的意识中，带钩是个人身份地位、权力的象征，同时具有善于用兵、骁勇善战的内涵。此外，越人蛇图腾还表现在服饰、建筑、青铜器装饰艺术等方面，这里恕不能一一周述。

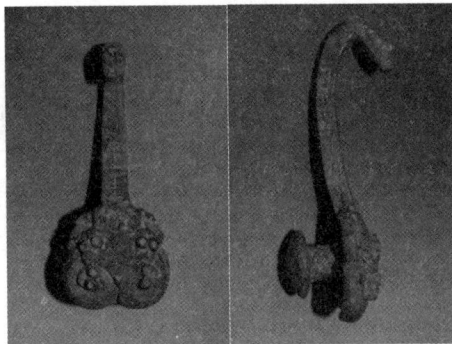

图 10 "越王嗣旨不光"铭文青铜带钩蛇形青铜带钩

图 11 双钩龙（蛇）首青铜带钩   图 12 蛇形青铜带钩

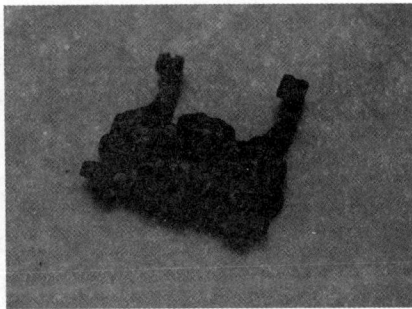

综上所述，这个时期受到百越稻作文化的冲击，日本的蛇信仰渐渐褪去原始生殖崇拜的色彩，崇蛇文化经过弥生时代的发展积淀下来，其内涵和功能发生了巨大转变，蛇神成为社稷神、山神、水神等化身被后世供奉，同时蛇信仰亦逐渐演化为日本人山岳信仰、海洋信仰的一部分。另外，百越的蛇崇拜则体现出更为厚重的文化传承，特别是百越后裔各少数民族，基本上保留了蛇图腾文化的初始形态，这就形象地表明蛇信仰是越人文化基因中的重要组成部分，经过千百年以来的传承和发展，其外在形态尽管不断流变，但是其文化基因不会有任何改变。

3　文学和蛇妖

如上所述，自绳纹时代以来，蛇神便作为正面形象成为日本人持续崇拜的神祇，不过其后在一些文学作品中，却也出现一些反面的"蛇妖"。据《日本书纪》（成书于720 年）记载，素戈鸣尊被逐出高天原后，最终降临在出云国的肥河之上。听闻有一条八岐大蛇，每年吃掉一个童女，于是素戈鸣尊施计用酒把大蛇灌醉后斩杀，继而从蛇尾取出一柄神剑，此神剑便是"天丛云剑"，素戈鸣尊将神剑献给了天照大神。"天丛云剑"即草薙剑，是日本神话中的"三神器"之一。该书中所述大蛇双眼红赤，如同赤酸浆果，身有八头八尾，背上长有松柏，身长蔓延八谷八丘，其腹常年血烂。由这些描述性文字可见，八岐大蛇虽具神力，其外貌却是狰狞可怖，是给人类带来灾难的蛇妖，这种形象与日本人一直以来崇拜的蛇神形象大相径庭。

此外，高知县土佐郡传有《蛇郎》的故事，大致梗概如是：从前有一位高贵的小姐，无论刮风下雨，夜夜都有一位英俊男子前来找她。小姐的母亲渐渐便起了疑心，于是把线团的线头穿在针上，趁公子熟睡之时，把针别在他头发之中。于是公子大喊一声"好疼！"就一溜烟儿地跑了。翌日清晨，大家沿着线儿去寻，来到一潭池水处，却听到水底有两条蛇在对话。原来那公子是蛇，他被钢针刺中，已命不久矣。不过小姐此时已有身孕，据说小姐倘若喝下桃花酒、菖蒲酒和菊花酒，蛇种便会消融殆尽。于是小姐照此方法，果然便消融了蛇种。诸如此类蛇形象的塑造不但使过去至高无上的蛇神跌落神坛，同时还表现了人们厌恶蛇、欲除之而后快的心理。

"蛇妖""恶蛇"的负面形象不仅在日本，即便在东周、秦汉时期的中国也时有所见。在百越考古和民族志资料中，还曾出现诸多有关"蛇妖""镇蛇""操蛇"的记录。譬如《山海经·中山经》所载：（洞庭）"多怪神，状如人而载蛇，左右手操蛇。"《山海经·大荒南经》亦载："南海渚中有神，人面，珥两青蛇，践两赤蛇，曰不廷胡余。"另外，江苏淮阴市高庄东周墓是一处吴地贵族墓，曾从中出土带有"擒蛇""践蛇"纹样的青铜器（图13），图案中的小人或双手抓蛇，或一手擒蛇、一手执斧做斩蛇状。云南滇墓中亦出土一组铜扣，装饰有"镇蛇"图案（图14），其下图为二人拉着一头牛将巨蟒踩于脚下，上图则为一壮士驾着四头驯鹿踩踏巨蟒。

图13 淮阴高庄东周墓铜器花纹中的"擒蛇"图像　　图14 石寨山青铜器扣饰

除此之外，有关蛇妖的神话故事也广为流传，其中成书于东晋的《搜神记》之"李寄斩蛇"的故事便与八岐大蛇的神话颇为相近，其大致梗概如是：闽越有大蛇，身长七八丈，其粗十余围，每年吃一童女，已连年吞吃九女。于是，李家小女李寄寻名剑、携良犬，用计斩杀此恶蛇。

显然，百越地区在东周、秦汉时期曾出现的"蛇妖""镇蛇""操蛇"等现象，有悖于百越土著文化中的崇蛇信仰，因而这一现象绝非简单的自然发生。汉文化崇尚鸟、龙，"楚人亦自古就有厌蛇文化"。（吴荣曾，1989：128）楚汉文化进入越地，便表现出与越文化全然不同的文化立场，其背后蕴含着主、客文化的强烈对立和激烈冲突，越人崇蛇文化在这一时期出现的两面性正是周楚、秦汉文化向江南强势扩张的结果。而且，这一文化变容过程持续不断，一直延续到晚清时期。与此同时，随着汉朝以降中日之间交流之深入，厌蛇文化也逐渐影响了日本的蛇信仰文化。

早在东汉时期，日本与我国便已有正式交往。例如，《后汉书·倭传》有载："建武中元二年，倭奴国奉贡朝贺，使人自称大夫，倭国之极南界也，光武赐以印绶。安帝永初元年，倭国王帅升等献生口百六十人，愿请见。"从此，中日之间正式拉开了双向文化交流的序幕。时至隋朝，日本国圣德太子摄政，于 600 年起遣使入隋，中日之间的交流更为密切。在这样的历史文化背景之下，成书于 720 年的《日本书纪》以及其后的民间传说中屡屡出现"蛇妖""恶蛇"的形象，也就不足为奇了。

4 结　语

从原始时代朴素的生殖崇拜，到稻作文化背景下的蛇神祭祀，以及神话传说中的蛇妖形象，日本的蛇信仰在不同历史阶段具有不同的内涵，呈现出从单一到多元、不断发展变化的特点。这一内涵的变化反映了日本列岛几次较大规模的文化变迁，在这过程中，百越先民的作用不容忽视。他们以扬帆远航的探索精神开创了人类早期历史上最古老的海洋文明之一，对日本本土的文化形成和文明进程产生了巨大影响。百越先民身上浓墨重彩的蛇图腾文化，在与日本的本土文化冲突—融合这一过程中，为日本的崇蛇习俗留下了深深的文化印记。

日本的蛇信仰源于土著文化，形成于本土文化与外来文化的融合。这是百越先民探索大海所留下的众多海洋文化遗产的一部分。透过这一民俗解读日本文化和大陆文化之间的深层联系，具有重要的社会意义和学术价值。

参考文献：

[1] ［日］吉野裕子 . 蛇 [M]. 京都 : 人文書院 , 2007.

[2] ［日］辻本好孝 . 和州祭礼記 [M] . 奈良 : 天理時報社 , 1944.

[3] ［日］篠田謙一 . 日本人の祖先 [M] . 東京 :NHKBOOKS, 2007.

[4] ［日］佐藤洋一郎 . 稲の文明史 [M]. 東京 : 角川選書 , 2002.

[5] 陈兆复 . 中国岩画发现史 [M]. 上海 : 上海人民出版社 , 1991.

[6] 范成大 . 桂海虞衡志 [M]. 南宁 : 广西民族出版社 , 1984.

[7] 方杰 . 越国文化 [M]. 上海 : 上海社会科学院出版社 , 1998.

[8] 黄宣佩 . 福泉山——新时期时代遗址发掘报告 [M]. 北京 : 文物出版社 , 2000.

[9] 淮阴市博物馆编著 . 淮阴高庄战国墓 [M]. 考古学报 , 1988.

[10] 刘安 . 淮南子 [M]. 陈广忠 , 译 . 北京 : 中华书局 , 2016.

[11] 姜彬 . 吴越民间信仰民俗 [M]. 上海 : 上海文艺出版社 , 1992.

[12] 金健人. 日本稻作民源于中国吴越地区 [J]. 浙江社会科学 ,2001(5):140.

[13] 林蔚文. 福建南平樟湖板崇蛇民俗的再考察 [J]. 东南文化 ,1991(5):88–89.

[14] 司马迁. 史记,（卷一）[M]. 北京 : 北京工艺美术出版社 ,2019.

[15] 孙武. 孙子兵法 [M]. 长春 : 吉林美术出版社 ,2015.

[16] 吴春明. 环中国海 "海洋文化的土著生成与汉人传承论纲" [J]. 复旦学报 (社会科学版),2011(1):126.

[17] 吴春明. 从蛇神的分类、演变看华南文化的发展 [J]. 考古学研究 ,2012(00) :677–678.

[18] 王海燕. 从神话传说看古代日本人的灾害认知 [J]. 浙江大学学报 : 人文社会科学版 ,2014(4) :198.

[19] 吴荣曾. 战国、汉代的 "操蛇神怪" 及有关神话迷信的变异 [J]. 文物 ,1989(10):128.

[20] 王学萍. 中国黎族 [M]. 北京 : 民族出版社 ,2004:244–260.

[21] 袁唐, 吴平. 越绝书（第八卷）[M]. 杭州 : 浙江古籍出版社 ,2013:145–150.

[22] 杨建芳. 云雷纹的起源、演变与传播——兼论中国古代南方的蛇崇拜 [J]. 文物 ,2012(5): 31–35.

[23] 郑岩. 从中国古代艺术品看关于蛇的崇拜与民俗 (上)[J]. 民俗研究 ,1989(3):37.

作者简介：

孙思佳，女，1984 年 7 月生，浙江绍兴人，共生文明学硕士，浙江越秀外国语学院东方语言学院讲师，主要从事中日文化比较研究。

外语教育教学研究

德语课程中的文化研究和教学

◎骆超群

文化一直是外语课堂中经常被提及的概念，文化涵盖了很多方面和层次，从文学艺术到物质文化，从上层建筑到日常用品都包含着文化。每个国家都有自己独特的文化现象，也与其他文化有很多共通之处，作为外语学习者，不应只专注于语言本身，也应该透过语言学习目的国的文化，甚至可以通过对目的国文化的理解加深对语言本身的认知，形成相辅相成的关系。德国、瑞士、奥地利等德语国家在很多中国人的眼中是工业强国，但它们同时是文化强国，培养了一大批世界闻名的哲学家、思想家、科学家、音乐家、艺术家和文学家。德语课程不仅肩负着教授语言的任务，也要让德语学习者能够更加深入地了解德语国家文化，逐渐形成跨文化交际能力。

1 文化研究和教学的定位

文化本身是一个跨学科的研究对象，如社会学、历史、政治，甚至人类学都研究文化，同时有大量的科研人员在跨文化交际领域研究不同国家和民族之间的文化，并对文化进行对比。有些研究学术性强，只停留在理论层面，而更多的研究是运用在了实际的跨文化交际中，指导人类进行跨文化交际活动，避免冲突与矛盾，提高跨文化交际效率，如跨国公司或与外国企业有商业往来的公司为员工提供语言和跨文化交际培训，这些培训旨在提高沟通效率。外语教师进行文化研究的主要目的在于把研究结果运用到文化教学中，文化教学在外语课程中更多地被目的语言国的国情课程、历史课程或者文学课程所承担，但这些课程都只传授了目的国文化的一部分，外语教学者要明确文化教学的目的不仅是让学习者了解外国文化，最重要的是具有了解、学习外国文化的能力和跨文化交际能力。近年来，德国的科研人员如 Claus Altmayer 和 Uwe Koreik（2010：1381）不仅局限于文化研究，还把文化研究延伸到了对外德语教学过程中的与文化相关的教学和学习过程，而且先是以学习过程为导向的，激发和优化学生的文化学习过程中的认知引导型兴趣不再是研究的次要内容，与之相反，成为决定性的研究内容。文化研究的任务在于解构日常语言运用中隐含的文化理解模式，使之显性化，简单化并可学习。简而言之，外语教学中的文化研究是服务于文化教学的，文化教学在文化研究的基础上培养学生的跨文化交际能力。

2 文化研究的方法

2.1 文本分析法

文本分析法的首要任务是研究根据主题定义的德语文本，分析它们使用的是哪种文化解释模式，这种模式在相应的文本中为何具有代表性并且如何被运用的。主要目的在于通过文本分析的研究，把在日常交流和媒介交流中内化的、普遍的、众所周知的文化解释模式在解构的过程中可视化，并且最终也可以学习这些文化解释模式。除了对外德语领域对文化研究的狭义内容语境的研究以外，文本分析法对教材和教学资料的分析也变得越来越重要。教材研究中衍生出来的主题文本研究是对文化研究的有力补充。一方面，教材编写者通过文本分析法把较复杂的文化解释模式简单化，利于外语学习者理解，同时重建文化解释模式，方便外语学习者学习这些文化。另一方面，外语教师利用主题文本分析法选择适合教学的文本，根据主题文本采用合理的教学方法进行外语教学的同时，让学生学习文化。

2.2 量性经验法

量性经验法一般建立在一个设计全面细致的问卷调查的基础上，为了保障调查结果的有效性，会选择一个控制组，向该控制组成员分发问卷，收集问卷结果后进行分析。例如，教师想要了解学生是否了解德国的饮食文化，可以设计一个封闭式的调查问卷，让学生回答问卷中的选择题，收集问卷后统计学生的选择来分析学生对德国饮食文化的了解。这种方法在进行文化研究时是一种比较高效的方法，能够快速地采集数据，但是量性经验法也存在不足和缺陷，尤其是设计问卷时只有可以量化的问题，这些问题往往是以在整个民族特性的基础上进行普遍化，并且把这种普遍化作为提问的前提，会导致某些问题以固有偏见出发最终得出符合固有偏见的结果。为了规避量性经验法的不足，在进行文化研究时应加入其他方法，如质性研究法等，加入开放性的提问，可以让文化研究更加有价值。

2.3 质性经验法

质性经验法包含比较多样的方法，如采访、参与性观察、单一情况分析等。和量性经验法着重于普遍的民族特征不同，质性经验法不仅考虑民族普遍性，也考虑了个人的特殊性。对于外语教师来说，通过采访可以评估他们如何利用被分析的文化教学资料和文化教学过程，利于他们反思教学资料的选择和教学过程。对于外语学习者来说，采访可以采集他们对特定文化主题的了解程度，采集的数据结果反馈给教师，利于教师的文化教学。参与性观察可以同时观察教师和学生的文化教学和学习过程，但给观察者很大的挑战和无限的可能性，观察者每次最好只观察一个或几个特定的方面，摒弃多余的干扰因素，这样才能从特定维度分析数据，不影响分析结果。单一情况分析法在个人文化经验的基础上进行研究，规避了众多干扰项，提出关于某个主题的核心问题，可以通过分析受访者对单一情况的反应，总结出民族共性和个人特性。总体来讲，这三种方法虽然缺点是比较耗时、工作量较大，但是可以得出比较可信的结果。

2.4 批判性研究

根据张红玲（2014：64）的观点，批判性研究学者认为跨文化交际并没有固定模式，而是一个比较复杂的动态过程。因为跨文化交际不仅涉及两种文化因素，更涉及交际个体的个人因素，如社会阶层、教育背景、个人经历等。批判性研究的方法比较多样，但更贴近于现实社会，通常分析媒体和其他流行文化中出现的热门文化现象或问题。研究者经过个人主观、综合的分析，以叙述、故事和对话的形式陈述研究结果，如近几年在网络上兴起的社交媒体上，有很多博主把自己的经历和感受以及具有公信力的数据结合在一起分析事件的原因。虽然研究结果存在一定的主观性，但是这些结果依据数据资料，还是兼具客观性，能够说明某些社会因素对跨文化交际产生的影响，这些批判性研究对跨文化研究同样具有现实意义。

3 文化研究和教学的问题和对象

3.1 文化研究的问题和对象

3.1.1 内部视角和外部视角

在跨文化理解的过程中，语言、文化和生活在该文化中的人是三个关键要素。Adelheid Hu（2010：1394）认为，跨文化理解是内部视角和外部视角之间相互转化、作用的过程，这个过程会对自我理解和理解世界产生影响。内部视角是从内部理解一个陌生文化，即以这个陌生文化成员的视角来看文化本身，暂时摒弃本国价值、观念和行为方式，在一定程度上沉浸到陌生文化里。外部视角是以本国文化为出发点，带着一定的预先理解，不要毫无保留地适应陌生文化，要学习以具有距离感和批判性的视角解释某些现象。外部视角又分为第一外部视角和第二外部视角。第一外部视角是指我们必须学习带着自己自身的态度和见解发展内部视角，为了了解陌生事物与本国文化的不同。以这种方式我们学习外语和外国文化，不仅涵盖了本国语言和文化中对他国文化的曲解形式，而且还遵循学习者自身的逻辑。但是，我们的态度和见解不会因为学习了外国文化而消失，而是会和外国文化继续进入一个相互反应、相互影响的过程，衍生出学习者对外国文化新的态度和观点，这些态度和观点被称为第二外部视角。第二外部视角的出现不仅是对于自身预先理解的适应，还可以产生多重视角，但我们的理解过程都是从我们自身出发。

3.1.2 理解和相互理解

跨文化交际过程中的理解和相互理解紧密结合在一起,但又有很明显的紧张关系。理解包含相互理解,但是理解过程经常包含着不同意。理解和相互理解和上文提到的内部视角和外部视角有直接的联系。理解是通过内部视角的渗透实现的,相互理解是内部视角和外部视角之间的协调。

Adelheid Hu(2010:1395)认为,跨文化交际过程中面临的主要问题是如何不以本我文化来理解陌生文化,理解在多大程度上和理解者的预先理解相关,理解在多大程度上只是一种投射,增强了种族中心论的视角,而不是战胜这种视角。对于外国文化的理解使相互理解成为可能,理解在加入内部视角后不仅被视为是外语课程中的重要目标,而且也明确要求加入外部视角,尤其是对于相互理解有明确要求。

3.2 文化教学的问题和对象

3.2.1 文化因素决定的教学和学习传统

Claus Altmayer 和 Uwe Koreik(2010:1382)认为,在德语教学过程中,文化至少从两方面发挥作用:其一是要学习的文化,其二是学习者自带的文化态度,这种文化态度从根本上共建和影响学习者对事物和学习过程的观点。

首先,学习者要学习目的国的文化,这些文化不仅包含高雅文化,也囊括通俗文化,文化的概念已经可以延伸到日常生活的很多方面,虽然随着全球化的进程很多事物在全球范围内都有统一的认知,但是各国仍然保留着长期历史遗留的惯例或者地方特色,如很多基督教国家都有圣诞市场,但是在德国的圣诞市场会卖 Glühwein(一种混合香料的热红酒饮品)和 Lebkuchen(起源于纽伦堡地区的胡椒蜂蜜饼),而在比利时的圣诞市场会卖当地特色的华夫饼和炸薯条。由此可见,虽然都有圣诞市场这种形式,但是每个国家都有属于自己的特色文化。

其次,学习者本身的文化态度也可以影响文化学习的过程,这种文化态度包含学习者的文化认知和学习习惯。如果学习者本国文化与目的国文化近似,在学习他国文化时的障碍就小,反之则障碍巨大。学习者的学习传统、学习习惯如果与目的国类似,那么在学习过程中能较快适应,反之则较慢适应。例如,德语区国家课程多采用互动式、合作式的方法,通过实践来摸索学习,但中国的课程多采用教师讲授的方式,学生缺乏自主探寻答案的主动性,如何引导学生能够自主学习文化是教师需要解决的问题。

3.2.2 态度、印象和固有偏见

外语教学中的文化研究还要对态度、印象和固有偏见进行分析和处理。Klaus Stierstorfer(2003:158)的研究表明,文学作品或者媒体报道中的德国国家形象和文化与文化学习并没有很大的关联性,而在目的国的生活或者在外语课堂上的媒介影响以及相应的干预措施会对外语学习和文化学习的过程产生较大的经验意义。因此,从某种意义上来讲,外语学习者对目的国的印象和态度主要来源于课堂教学,外语教师在文化

教学过程中应该对文化本身保持中立态度，陈述事实，不强加自己个人的观点，防止教师把自己对目的国的错误印象和偏见传输给学生，让学生自己对他国文化做出自我感知和判断。当然更加有效的文化学习是深入目的国让学生亲身经历和感受目的国文化，但这种情况也会受到学生本人经历的影响，态度和固有偏见通常会出现三种发展趋势：增强、减弱和维持不变。

3.2.3 跨文化交际能力

跨文化交际能力的培养是外语教学过程中一个比较重要的能力，根据德国联邦教育部的常务会议 KMK① （2003：18）讨论确定跨文化交际能力主要体现在以下三点上：一是学生能够从心理状态上和思维方式上设身处地地为陌生文化的语伴着想；二是学生知道陌生文化国家的一些可行的观察方式和感知方式，偏见和刻板印象，并且能够深入分析研究；三是学生能够有意识地感知文化差异、误解和矛盾情况，能够理解这些问题并且一起解决这些问题。如何通过课程教学让学生具备以上能力，是德语教师应该要考虑的问题，不要只停留在语言上面，更多地要从文化理解和跨文化交际的方向引导学生。

3.2.4 文化学习资料

文化内容在今天的教材或教学资料中多少有所涉及，以跨文化的目的为导向，促进学习者比较德国文化和本国文化。Claus Altmayer 和 Uwe Koreik（2010：1384）认为，德国本土的德语教材在往以下三个方向发展：一是根据 DACH-L 纲领的精神，德语教材应该秉承平等的原则，介绍所有德语区国家的文化，如德国、奥地利、瑞士等国家，不应只侧重单一国家的文化。二是教材着手研究纪念品和纪念地的文化意义，选取具有纪念意义的事物向德语学习者介绍德语区文化。三是 20 世纪 90 年代和 21 世纪初期学术界非常热烈地讨论网络和数字媒体的文化教学潜力，但近期这些讨论逐渐变少。编写国情或文化相关的教材、教学资料无疑成为对外德语领域文化研究的中心任务。单一媒体在文化学习过程中的潜力也引起了众多对外德语教师的兴趣，艺术、图片、音乐以及文学作品的角色在以文化教学为导向的德语课程中又被广泛讨论。除了编写跨文化外语教材以外，德语教师在课堂上还可以选择具有代表性的文化资料，如实物、影视作品、音乐、照片等教学工具增进学生对目的国文化的了解。

4 文化教学的方法

文化教学方法服务于文化教学的目标。文化教学的目的是通过德语课程，学生要能够学习德国人的心理状态和思维方式，具有换位思考的能力，了解本民族文化和德国文化中常见的理解方式、感知方式、偏见和固有偏见，并且能解释为什么会出现这些现象，能够有意识地感知中德差异、误解和矛盾情况，相互理解并尽可能共同解决问题。

---

① KMK 是德国联邦教育部常务会议的简称，全称为 Ständige Konferenz der Kulturminister der Länder in der Bundesrepublik Deutschland, Beschlüsse der Kulturministerkonferenz.

如何通过德语教学培养学生的上述跨文化交际能力，Chen Guoming 和 William J. Starosta（2007：268—275）认为，教师可以采用传统课堂讲授模式、模拟模式、自我意识模式、文化意识模式、行为模式和互动模式等方式。跨文化培训项目可以运用角色扮演、个案研究、重要事件个案研究、文化同化和虚拟训练等培训方法。

4.1 传统课堂讲授模式

传统课堂讲授模式让学生通过认知学习特定文化的习俗、价值、地理、习惯等，教师作为知识的传输者，学生作为知识的接收者。这种模式的优势在于能够高效地传达他国文化知识内容，但是由于教室环境和外国文化实际经验不同，形成课堂教学模式的不可逾越的限制。只是教学生要学什么，而不是如何学，并不能保证学生学习了这些外国文化知识后能够在新的文化环境中顺利地生活或工作。这种模式更多地存在于 20 世纪五六十年代之前，但传统的课堂讲授模式已经不能满足于实际的文化理解需求，渐渐地发展出其他更加有效的教学模式。

4.2 模拟模式

由于人们对于传统课堂讲授模式的批判，模拟模式应运而生，这种模式致力于把学生放到近似外国文化场景中参与情感体验过程。虚拟训练给学生一个模拟学习环境，让他们有机会观察陌生文化并与代表陌生文化的人进行交流。通过这一系列的方式方法可以有效地训练学生的跨文化交际能力。鼓励学生和不同文化背景的人交往，增强他们对其他文化群体的文化敏感性。这种方法假设学生在今后生活在目的国并有生活经验，从而自我发展出一套新的行为和解决问题的方法，让他们能够更好地适应目的国文化。

使用模拟模式后，学习的焦点从教师转移到了学生，学生要对他们在模拟过程中的行为负责，模式强调解决问题能力的培养，而不是单纯的文化知识传授，并且让学生学会如何通过近似实际的交际经验学习。但是，模拟模式也存在缺陷，如很难完全复制目的国环境，错误的或者有偏差的模拟过程会导致学生将来在目的国生活中遇到类似的问题做出不合时宜的反应。另外，模拟训练的过程往往有限，并不能在有限的时间内涵盖所有方面进行模拟，所以模拟训练和传统的课堂讲授模式结合可以更加有效地促进文化教学。

4.3 自我意识模式

自我意识模式认为把我们自己看作文化生物是适应新文化的基础，以敏感度训练为主，培养学生在小组中的心理压力调节和观察自己的行为如何影响他人，让学生对别人的表达变得敏感，使用行为暗号指导他们的自己展示。尽管自我意识在跨文化交际过程中很有效，但是它更多地集中在个人的内化过程，忽略了外部文化因素，不能准确地指导学生们处理文化交流中的相关影响因素。虽然自我意识模式更多地关注个人内心的感受，但也忽略了很多其他在实际文化交际过程中的影响因素和行为能力的培养，因此，此模式要和其他模式搭配使用。

4.4 文化意识模式

和自我意识模式相比，文化意识模式更加强调外国文化知识的理解。为了和其他文化群体中的人成功地交流，我们必须要理解本国和外国的文化价值、准则、习俗和社会制度等知识。但这种模式假设我们了解外国文化和本国文化一样好，默认学习者已经了解外国文化的基本知识。模式旨在教授学习者辨别出自己的文化价值，并能把它们和外国文化价值进行对比，从而获得领悟能力以及改善跨文化交际质量。

建立在认知过程之上，文化意识模式采用了一个普遍使用的文化理解角度，而不是强调对某个特色文化的理解。学生被期待使用之前所学的普通原则解决新文化的特定内容。通过这种模式，学生不仅获得了文化理解能力，也习得了跨文化交际过程中处理文化差异的情感宽容。另外，文化意识模式只适用于解决简单问题，不利于学习者深度对比本国和外国文化，处理复杂问题，文化的相似点被忽视，差异被过度放大，导致细微差别成为冲突的源头。

4.5 行为模式

行为模式训练学生宿主文化的行为技能，学生在一个模拟的环境里学习如何在特定文化中做出恰当的行为。训练过程可以减少学习者在模拟文化中遇见外国人时的焦虑和不确定感。尽管行为模式强调解决具体的问题，项目设计也比较精明了，但是还是有一些缺陷。首先，对教师的要求较高，必须具有较全面的目的国文化知识，并且能具体化一套合适的行为技能；其次，只有少量的数据能提供给学生，帮助他们理解文化行为技能并适应新文化；最后，模式专注于行为技能，却忽略了文化的特性，文化现实是很复杂的，不能被简化成一套可教授的行为技能。

4.6 互动模式

在互动模式下，通常会邀请来自外国的学生或者人员参与到项目中，学生和目的国的人士直接互动，在经历了和外国人的面对面接触后，学生能更加适应目的国的生活和工作。通过这种经验学习过程，学生能够明白外国文化的价值体系和行为模式，因为外国人的参与比单纯的外语教师教学能提供更多的综合资源。但同时，互动模式中的外国人也可能会理想化或歪曲他们的文化，不能呈现一个真实的画面，这些问题会导致为课程参与者制定指导方针时产生困难。

4.7 角色扮演

角色扮演模拟日常生活的场景，让学生选择角色，进行角色行为尝试发展潜在的解决办法。基于目的国文化的生活解决不同的问题，学生扮演一个角色并且开发潜在解决方案，这种方法把学生从外国文化的观察者转化为参与者。使用角色扮演的方法可以有效地实现几个特定的目标：练习和学习跨文化交际技巧，练习特定情况下做出某些行动或找到解决办法，探索模拟场景中的反应和感受，鼓励学生参与以及能够更好地理解来自不同文化背景的人的思维和行为模式。

4.8　个案研究

个案研究提供给学习者一些具体的复杂文化事件的描述，尽管案例研究中所描述的事件可能永远不会发生，但接近于事实的情况使我们能够有效地分析和解决它所带来的问题。一个好的案例有激发学习者思考、分析、讨论、预测以及生成解决办法的能力，可以帮助学生确定案例中人物的观点、案例可能的结果、对案例人物的影响、案例中人物的反应。个案研究要求描述一个具体的接近事实的情况，着重讨论实际情况，让学习者在情境中有参与感，强调特殊情况，而非普遍情况。个案研究给了充足的讨论时间，让学生作为分析情况过程中的决定者，从而激发学习者对重要跨文化问题的理解。

4.9　重要事件个案研究

重要事件个案研究和个案研究的主要差别在于，个案研究描述具体的复杂文化事件，而重要事件个案研究给学习者描述一个因不同文化价值引起的矛盾或冲突。重要事件个案研究常常被纳入跨文化培训的文化意识模式中。重要事件个案研究基于和外国人的实际生活经验，此外它还应描述反映文化价值观或文化其他方面的争议或冲突根源。重要事件个案研究帮助学生理解他们有可能面对的问题，并且提供了解决问题的不同方法，要求学生和持不同意见的小组成员一起分析案例，训练学生在面对不同文化背景的人时做出正确的决定。

4.10　文化同化

文化同化在是重要事件个案研究的一个变体，帮助学生更好地理解本国文化和他国文化。一个文化同化由重要事件个案研究、一个由它引起的文化问题、四五个潜在的答案以及每种答案的根本原因组成。给出问题的多个可能答案，但只有一个是特定文化的真正原因。为了培养文化自我意识，参与者可以从自己的文化角度回答问题，让学生意识到不同文化之间的差异和相同点。一个好的文化同化案例可以让学习者发展共情能力，在做决定之前考虑他人的感受和想法，意识到解决一个问题有不同的办法，认识到自己的刻板印象和偏见，防止案例阻碍学习者理解他国文化，以及看到不同文化背景人之间的异同。

5　结　语

外语教师对文化的研究和教学是融为一体、相辅相成的关系。文化研究要采用正确有效的方法，如文本分析法、量性经验法、质性经验法和批判性研究法等方法。德语教师在文化教学时，要考虑到学习者的学习传统和习惯是受到了本国文化的长期影响，尊重这些学习传统和习惯的同时让学习者逐渐适应德语区国家教学方式。当然，教材和学习资料的编写、选择、教授也会影响到学生对文化学习的效果。学生在学习语言和文化的过程中本身就对目的国的语言和文化有自己的想法和刻板印象，德语教师要有正确的方法引导和培养学生的跨文化交际能力，在尊重彼此文化的前提下，让学生学习德式思维，提高文化感知敏感度，遇到了文化冲突有能力分析问题、解决问题。

参考文献：

[1] Altmayer Claus, Koreik Uwe. *Geschichte und Konzepte einer Kulturwissenschaft im Fach Deutsch als Fremdsprache*[M]// Fandrych Christian, Hufeisen B, Krumm H. *Handbücher zur Sprach- und Kommunikationswissenschaft. Band 35: Deutsch als Fremd- und Zweitsprache. Ein internationales Handbuch. 2. Halbband.* Berlin: de Gruyter Mouton, 2010, 35(2):1381–1384.

[2] Chen Guoming, Starosta William J. *Foundations of Intercultural Communication*[M]. 上海：上海外语教育出版社, 2007.

[3] Hu Adelheid. Fremdverstehen und kulturelles Lernen[C]// Fandrych Christian, Hufeisen B, Krumm H. *Handbücher zur Sprach- und Kounikationswissenschaft. Band 35: Deutsch als Fremd- und Zweitsprache. Ein internationales Handbuch. 2. Halbband.* Berlin: de Gruyter Mouton, 2010, 35(2):1394–1395.

[4] KMK – *Ständige Konferenz der Kulturminister der Länder in der Bundesrepublik Deutschland, Beschlüsse der Kulturministerkonferenz*[R]. 2003.

[5] Stierstorfer Klaus. *Deutschlandbilder im Spiegel anderer Nationen. Literatur, Presse, Film, Funk. Fernsehen*[M]. Reinbek: Rowohlt, 2003.

[6] 张红玲. 跨文化外语教学 [M]. 上海：上海外语教育出版社, 2014.

作者简介：

骆超群，女，1986 年 10 月生，浙江诸暨人，硕士，浙江越秀外国语学院讲师，主要研究方向为德语教学法和跨文化交际。

高校俄语专业教学与教学法研究现状及启示

◎吴彦秋

1 引 言

改革开放 40 年以来，我国各类高校的俄语专业开始了"具有国际视野和中国情怀的高素质应用型复合俄语人才"培养的尝试。很多大学（学院）根据自己的实际情况采取了灵活多样的培养方式。例如，俄语＋其他专业、俄语＋英语、俄语＋英语＋辅修专业形式。以浙江越秀外国语学院俄语专业为例，那里推行的是俄语＋专业方向选修课的人才培养模式（经贸方向、翻译方向、电子商务方向）。非常值得一提的是电子商务方向，这是一个非常新颖、非常热门的方向，不但丰富了学生的学习平台，更加拓宽了学生的就业范围。但是，无论多么新颖的课程，或是多么优秀的教材，都需要学生在基础阶段夯实基本功，这样在提高阶段才能有质的飞跃，各院系所制定的人才培养目标才能得以实现。

2 基础阶段教学研究

基础阶段指一年级和二年级的教学阶段。从各院校的基本情况来看，长期以来基础阶段的教学是成功的。基础阶段有统一的大纲、固定的教材、较固定的师资配备，教学法指导思想是明确的，即打好基础。最早在 1990 年秋，经国家教委批准开始试行新的（零起点）《高等学校俄语专业基础阶段教学大纲》，这一大纲重视交际能力的培养，较好地贯彻了科学性、先进性、实用性和可检查性原则。根据大纲已编出新的基础阶段教材。近年来，基础阶段的教学法思想发生了深刻的变化，也产生了教学观念的深刻变化。当然，接受这个变化将是一个循序渐进的过程，要改变多年形成的认识和做法对于一个从事外语教学的中国教师来说是不容易的，它也涉及教师自身外语水平的变化。

2.1 关于"基本功"的内涵和教学内容的变化

三要素说。20 世纪 80 年代以前我国俄语界对"基本功"的认识是较为一致的，即语音、语法、词汇三方面的知识、技巧、技能，这三个方面就是教学内容，听、说、读、写的言语活动是手段。（朱涛，2015：30）掌握语言知识和运用语言知识的能力就意味着掌握了一门语言。20 世纪 70 年代，西方出现功能教学法、交际教学法，苏联将交际原则作为对外俄语的主导原则。近年来，心理学、语言学、社会语言学、心理语言学、应用语言学中有不少新的研究成果，这一切使我们有必要重新认识"基本功"和教学内容。这种观点仍旧是三要素说，不过已注意到言语教学。持这种观点的人认为应当将听力训练、口语训练、阅读训练、书写训练作为教学内容，这些训练内容应当最大限度地具有交际意义，也就是说，它们应是人们真实俄语交际的逼真模拟、微缩，与人们真实的俄语交际十分相似，非常接近。

五要素说。这种观点认为"基本功"包括语音、语法、词汇、修辞学、国情学五要素。"修辞"指口、笔语能力符合交际场合、社会身份，表达的得体性。"国情"指学习者应当了解目的语言国家的文化、风俗习惯等。持这种观点的人强调五要素说反映了时代的要求，他们赞同在基础阶段同时进行言语交际能力的培养。

七要素说。这种观点认为"基本功"指语言三要素（语音、语法、词汇）和言语四要素（听、说、读、写）。（朱涛，2015：20）持这种观点的人认为语言基本功和言语基本功是教学内容，这种意见和第一种意见相同，均将"四会"作为教学手段和教学目的——即通过听、说、读、写达到掌握听、说、读、写的这一最终目的。

"基本功"是我国外语教师对外语基本能力的提法，已沿用了许多年。其内涵对大多数俄语教师来说是达到语音、语调的基本要求，达到正确运用语法规则的基本要求和达到正确使用词汇的基本要求。在大多数俄语教师看来，基本功体现在口、笔语的正确性上，开口、提笔错误百出是基本功差的标志。无怪乎一些教师认为宁肯实践能力差一些，也要有清楚的语法概念和正确地理解语言材料的能力。俄语教学实践表明，基础阶段教学不能走两个极端：①只满足于基本功训练，不重视交际能力的培养，不利用良好的已有的教学条件（教材、教学设备等）。仍然按几十年一贯的方法组织教学，刻板而没有生气，将语言能力的培养与言语能力的培养割裂开来，或者对言语交际能力的培养持消极态度，寄希望于学生毕业后工作实践的训练。②重视交际能力的培养，只顾交际训练，忽视口、笔语交际中语言知识的掌握，忽视言语成品的质量（语言的正确性）。目前，不少教师认真学习言语交际理论，在培养俄语基本功经验的基础上注意言语交际训练，将正确理解与正确表达结合起来，在缺乏语言环境的条件下创造可能的交际情景，力求使学生如亲临其境，大大缩短课堂与社会的距离，缩短学校与学生未来工作岗位的距离。

2.2 关于"交际性原则"在基础教学中的地位

交际方法和交际原则是两个相关但又不同的概念。交际教学法是一种辅助教学体系，它包括教学大纲、专用教材、教学手段、教学组织、教学条件和测试标准。鉴于它的要求，其中一些条件的缺失不符合《交际法教程》的要求。交际法先应用于短期培训班或其他学习者，目的是提高口语交际能力。对于俄语专业的学生来说，使用交际语言的最佳时机是在"入门"阶段和口语发展的其他阶段。交际性原则或积极交际原则是

1976 年国际俄语教师协会第三次代表大会正式提出的苏联外语教学法的主导原则。（苗心雨，2017：90）这一原则之所以被视为主导原则，是因为外语教学的根本目的是教会学生正确地运用外语进行口、笔语形式的交际，作为原则它不是唯一的，而是与其他教学原则并存的。

俄语教学的交际性原则于 20 世纪 70 年代末传入我国，也是我国目前专业俄语教学的主导原则。尽管各地区、各院校贯彻这一原则的程度不一，但是越来越受到教师的重视，并将其置于教学原则中的主导地位。

过去在俄语界大家对交际性原则一无所知，始终把培养语言技巧与技能作为教学目的，近年来日益强调言语实践。俄罗斯一些教学法专家也指出，过去大家习惯于教语言，而不习惯于教言语。当然，以语言为教学目的、手段和以言语为教学目的、手段的教学法思想不是现在才产生的，多少年来一直流行的通过阅读学习阅读的语法翻译法和通过说话学习说话的直接法就是这些教学法思想的体现。如今，大家的认识提高了一步，认识到既要教语言，也应当教言语，教言语交际，教有交际意义的言语，因为并非所有的言语实践均有交际意义。纵观目前基础阶段教学实践，实施交际性原则的宗旨如下：①教学内容是人们口、笔语交际中常见的课题，教材按有利于积极交际的课题来安排（按照功能意向）。每一课题的一组语言材料主题同一，但有不同侧面，用大量的同一主题的言语交际练习，集中训练专题口、笔语交际能力。众所周知，传统教学只用单一的课文，材料单薄，难以推动言语交际练习的运转。②教学方法上的要求是将言语训练置于接近真实交际的情景之中，或许难以做到教学全过程交际化，但是可以做到凡是进行言语练习就尽量使这些练习带有交际的目的，使练习和实际生活的情景相似。（苗心雨，2017：90）例如，学《打电话》一课，可以设计给在系里工作的专家打电话办某事。学《天安门》一课，可以设计带领初来中国学习的留学生、进修生在北京市内参观游览天安门。学《就医》一课，可以设计我国学生看望生病的俄罗斯学生。与学生密切接触的情况交流，印象深刻，效果好。这样，课堂上的学习内容就可以立即运用到日常生活中。③在我国开展俄语教学时，教师应将交际原则与自觉性原则相结合，这里不妨称之为"自觉的交际性原则"。自觉性强调理解和掌握规则，有利于交际性原则的贯彻。由外语教学与研究出版社出版，北京外国语大学俄语学院史铁强教授主编的普通高等教育"十一五"国家级规划教材《大学俄语东方（新版）（1—4 册）》是许多院校近年采用的教材之一。其中，词汇和言语训练部分贯彻情景性和交际性原则，但是练习分两个部分：第一部分，训练词形变化、拼写，掌握常用词和句型的用法（机械练习和一般言语练习）；第二部分，训练问答、对话、叙述等口、笔语能力（交际性练习）。据统计，这两类各占 50%。教材仍设语法部分，词法、句法系统展示，练习为单句练习和交际性综合练习。教材也设语音部分，在导论课结束后扩大语调知识，训练朗读能力，巩固语音难点的掌握。显然，教材对语言、言语是并重的，既重视交际能力的培养，同时十分重视语言知识的掌握和语言技巧、技能的训练。总之，交际性原则在基础教学阶段是主导的，它反映了语言教学总的目的，但是在贯彻这一原则时有我国的特点。

3 提高阶段教学研究

提高阶段指三、四年级阶段，提高阶段教学在专业俄语教学中是一个复杂的教学法课题。在此阶段学生已经过两年基础阶段的学习，言语水平和语言水平都得到了一定的训练，因此三四年级的教材从题材到体裁的设计等方面均与基础阶段有很大的不同，注重对作品人文价值的关照、思想表达的深入、语言手段表述的丰富性和准确性。主要涉及社会热点话题、俄罗斯著名文学作品选段等。提高阶段教学的特点可以总结如下：教学时间少、教学任务重、教学困难多、各种矛盾集中，这一阶段的教学时间不足两年。学生要撰写毕业论文，部分学生要准备报考研究生，大部分学生要为毕业找工作花去不少时间，这些都直接影响课堂教学。高级俄语课程（或称精读课）所用学时一般为6学时（三年级）和4学时（四年级），几乎只是低年级学时的一半。高年级教学长期以来呈不稳定状态，一个很重要的原因是超负荷，许多问题交织在一起，一组问题得到解决，而另一组问题日益尖锐，此起彼伏。这些矛盾的来源有三：①来自基础阶段的要求。低年级要求高年级巩固其成果，完成其没有完成好的任务，对高年级寄予很多期望。②来自高年级本身提出的高要求。高年级不仅要打好基本功，也要扩大知识面，要适应社会需要，即广度、深度、速度均不可少。语言能力不可少，言语能力也不可少，高年级自身提出的要求过多，而实现要求的条件有限。③来自社会的需求。社会需要质量高的、全面发展的俄语人才，要求毕业生具有独立工作能力，能听、能说、能读、能写、能译，社会希望他们的语言基础厚实、知识面广。

高年级教学处于学校教育的"前沿"，国内外形势的变化、社会政治与经济状况直接反馈到学校的培养目标和培养规格上，这是社会要求与教学要求的矛盾，事实上，提高阶段的教学往往处于被动地位。领导与教师期望改革大步前进，但是难以从种种矛盾中解脱出来。2014年6月，在吉林大学外国语学院召开的全国高校俄语专业教学研讨会上各高校专家就以下问题进行了研讨：①俄语专业办学的战略目标和人才培养模式；②俄语专业课程体系，教学内容和教学方法改革；③俄语专业建设、教材、师资队伍建设。同时，在口、笔语实践课等一些高年级教学阶段存在的主要问题上取得了共识。（中国俄语教学研究会，2014：98）由此，提高阶段的教学研究便进入了一个新阶段。与会者一致认为制定高年级俄语教学大纲刻不容缓，今后培养规格和教学要求应当是培养厚基础、宽口径的应用型人才，教学要将基础与应用相结合，课程应当以口、笔语实践综合课为主课，实行合科或分科教学。但是，其他课型（阅读、视听说、写作、翻译）应当配合主课进行。为了符合上述要求，教材是关键之一，目前已有几所重点院校编出新的教材，如《大学俄语东方（新编）（5—8册）》。关于教学方法，各校趋向专题教学（题材单元教学），或以专题教学为主的教学，强调交际性原则为主导原则，通过言语活动培养言语技巧和交际能力。

高年级教学阶段研究的问题：①培养什么人才？中华人民共和国成立之初，我国综合性大学俄语专业培养俄罗斯语言文学研究人员，即语文学家，一些外语学院培养外事翻译。20 世纪 80 年代，俄语教学实践表明，只注意基本功的培养，以不变应万变，不结合社会实际的封闭式教学是不可取的。然而，只注意交际能力的培养，或只侧重某些方面能力的培养（如经贸方面），而不注重基础训练也是不可取的。（王峰岐，2008：163）以上两种倾向均没有生命力。从 20 世纪末毕业生分配的走向来看，大多数毕业生从事企、事业单位和公司的翻译工作。（王峰岐，2008：163）当然还不能据此就把培养翻译人员确定为俄语专业的培养目标，但对这种社会需求，必须重视。21 世纪以来，中俄两国关系步入了一个新的发展阶段，同时中俄战略协作伙伴关系已经达到了新的深度，社会对具有俄语基础的电商人才需求量日益增加。因此，比较一致的意见是培养厚基础、宽口径的应用型复合人才。某些测试调查表明，临近毕业的学生基本功方面还存在着许多问题，也就是词形变化、基本句式、词的基本用法（区分词义）的错误较多，尚不能很好地把握词与词之间的一致关系、支配关系，表达不能言之有物，有时逻辑混乱、不连贯等。厚基础的含义在于学生应当有丰富的语言知识，扎实的言语基本技能。（戴俭，2005：13）宽口径指学生有较宽的知识面，有较高的文化素养，并且有较好的适应能力。应用型人才指学生应当成为社会需要的实用人才，有较强的实际工作能力。编写什么样的教材？这是目前亟待解决的一个主要问题。旧教材已不能再用，新教材还待脱稿付排，大有"无米下炊"之势。北京第二外国语大学几易其稿的油印教材及有声资料 10 余册配套（精读、泛读、文学选读、课外阅读、听力、写作等），突出了社会现实需要。北京外国语大学与普希金俄语学院合编的俄语系列教材（口、笔语实践、阅读、视听说等）既重视言语交际能力的培养，又重视语言修养的培养。国内一些院校已推出有中国俄语教学特色的、为培养应用型人才服务的新教材，前景看好。

4　俄语教学法的启示

4.1　必须结合科学理论

外语教学法是科学的产物。无论翻译法、直接法，还是认知法、交际法，都有自身的理论基础，尽管它们都有不同程度的缺点和不足，但其首创者、继承者都是在多年潜心研究科学理论的基础上提出自己的主张的。哲学理论、语言学理论、心理学理论是研究外语教学必不可少的，教学法理论家与实践家还同时分析已有教学法的利与弊，并且随时吸取相关科学发展中的新成果。

例如，强化教学法中的鲜为人知的默教法、暗示法、沉浸法、松弛法均有一定的支持者，均在实验中产生好的效果，也都是以科学理论为根据的。暗示法始于保加利亚，它通过改变环境的设计（教室的布置、音乐的参与、教材的美化等），使学习者在生理上、心理上感到轻松、愉快，通过不自觉的自身潜力的发挥增强信息的掌握（使用传统法时学生在 120 学时中可以记住 640 个词左右，使用暗示法可以记住 1 800—2 000 个词）。默教法源于英国，旨在教师讲得少而又少，学生练习多而又多。沉浸法产生于加拿大，它主张沉浸在外语环境之中，在大量的时间里接触目的语言。松弛法提倡先进行生理上、心理上调整性的练习，后进行语言学习。就流传较广的"暗示法"而言，它以心理语言学为理论基础，强调诱导、引导、无意识性（不知不觉，自然而然）及潜力的作用。（廖坤，2003：67）

通过这些实例我们可以体会到，任何一种教学法都基于某种科学原理，对于正在成长的年轻教师来说，学习这些科学原理可以提高自己对教学工作的宏观认识。例如，学习了交际法理论我们会懂得外语中介功能进入了高层次，这将大大促进国际间各个领域的交往。又如，学习了暗示法理论，我们知道情绪陶冶和外语学习的关系，学习环境、学习者的心境和学习效果的关系。暗示法在某种程度上揭示了教育的美好前景，正像马克思预言的那样，"生产劳动将由沉重的负担变成一种享受"，学习活动也应如此。

4.2　让科学进入教学课堂

我国语言教学历史十分悠久，但是历来没有受到足够的重视，语言教学法的研究（外语教学法研究更甚）至今还不够全面。就外语教学来谈，除了各方面的原因之外，还有认识上的问题，不正确的看法有以下三种类型。

第一，一些教师认为，每个教师有自己的教学方法，而教学效果的好坏取决于教师的外语水平。教学实践告诉我们，教师自身的外语水平的确直接影响教学质量，直接影响教师传授知识、培养学生技能的效果，但是，语言水平的优劣与教学质量的优劣不成正比。有的教师语言水平不低，但是因教学方法不当而不能很好地完成教学任务；有的教师语言水平不及前者，但是由于潜心钻研教学方法而很好地完成了教学任务。至于语言水平高、教学方法也好的教师自然走在前面，最受学生的欢迎。

第二，在一些教师看来，教学方法就是经验，教学时间长了，自然能够掌握一套教学方法。这种看法不科学，教学方法是科学思想的结晶，不是经验主义的产物。经验累积随着教师教学时间的增多而增多，然而，许多教学经验的生命力在于它们经受住了实践的考验，符合教学规律。如果教师不是自觉地用科学理论来指导自己的教学实践，他的教学经验则带有盲目性，而且教学成长也是缓慢的。

第三，一些教师认为教学法并不属于技师的业务范围，因而对教学法的研讨采取一种冷漠的态度，甚至完全不予理睬。事实上，教学法是教学的有机组成部分，教学法这门科学将给教师带来无穷无尽的新思想、新成果，只要学习方法科学，认真实践，就能尝到甜头。北京大学俄语系 1992 级研究生（语言方向）12 人全部选修《心理学与俄语教学法》专题课，科学原理引起了他们极大的兴趣，一些有教学经历的研究生更备感亲切，深深体会到教学法绝非可有可无。

4.3　立足于教师自身实践

立足于自身实践有两层意思：一是立足于自身的实际情况，也就是正视我们教学的外部、内部条件。我们不仅看到在我国，中国教师教授我国学生俄语，与在俄罗斯，俄罗斯教师教授我国学生俄语的不同，也看到在同一个国度里教学对象的变化（如我国学生、欧洲学生）也使教学发生差异，即使同样缺少真实语言环境（如在中国教俄语，在美国教俄语），教学情况也不尽相同。二是立足于自己的教学实践，唯亲身的实践才能使科学的理论在自己的教学中生根、开花、结果。前人为我们提供了许多非常好的教学设想，我们一方面从总体上汲取其精华，另一方面从局部一点一滴地在自己的教学实践中去创造性地运用，并形成自己的特色。

5　结　语

截至 2018 年 3 月，我国开设俄语专业的高校已有 162 所。（https://mp.weixin.qq.com/s/0TCVlHNKJP2uWW7t5bMx3g，2018）从长远看，中俄两国的地域关系与国际地位决定着俄语专业的发展走向，地缘政治与文化交流是今后俄语专业发展的方向与潮流，要实现地域联合，建立地方性合作组织与机构，协调本地方的俄语教学与研究，在市场中寻求专业发展的立足点。相信通过学校、教师和学生的共同努力，未来俄语专业的教学和教学法研究一定能够获得更多业界人士的青睐，从而使俄语专业教学质量得到更大的提升。

参考文献：

[1]　戴俭 . “厚基础，宽口径”的人才培养思路和培养模式 [J]. 建筑与文化，2005(6): 13.

[2]　廖坤 . 洛扎诺夫暗示教学法的技术特点分析 [J]. 比较教育研究，2003(6): 67.

[3]　苗心雨 . 语言教学的主要方法及其利弊分析 [J]. 长江丛刊，2017(24): 90.

[4]　王峰岐 . 经贸俄语教学特点及策略的研究 [J]. 佳木斯大学学报，2008(1): 163.

[5]　中国俄语教学研究会，吉林大学外国语学院 . 全国高校俄语专业教学研讨会通知 [J]. 中国俄语教学，2014(2): 98.

[6]　朱涛 . 新时期俄语专业本科文化类课程教学改革初探——以俄语语言国情学为例 [J]. 江苏外语教学研究，2015(1): 30.

作者简介：

吴彦秋，女，1984 年 9 月生，黑龙江哈尔滨人，历史学博士，浙江越秀外国语学院西方语言学院副教授，主要从事俄语教学研究。

线上线下融合式思辨英语教学探索

——以《综合英语》4单元教学为例[①]

◎殷 鸯

近年来，随着思辨英语教学理念在高校英语教师中的普及，英语界对融合培养语言能力和思辨能力的必要性和可行性形成了日益广泛的共识。（孙有中，2019：826）无论是以"两性一度"（高阶性、创新性、挑战度）为标准打造金课，（吴岩，2018）还是新文科建设以"科学性"和"价值性"为学科建设的双重标准，无论《英语类国标》（2018）提出的核心能力培养，还是《英语类专业教学指南》（以下简称《指南》）（2020）倡导的创新思维和能力培养，都对外语教学中的思辨能力培养做了明确要求。

1 思辨能力研究述评

关于思辨能力的研究，国外起步早，研究成果较多，主要集中在对思辨能力模型的构建、对测量思辨能力量具的研究和思辨能力培养的教学研究。（文秋芳等，2009）国内真正围绕英语专业学生的思辨能力研究从近 10 年开始涌现。（张虹，2019：57）有的从宏观层面进行探讨，指出思辨能力培养的必要性和可行性，为英语专业教学改革指明了方向；（文秋芳，周燕，2006；孙有中，2011，2015，2017，2019）有的从中观层面展开论述，构建了思辨能力量具和思辨能力培养的理论框架，为开展思辨教学提供了工具支持和实施框架；（文秋芳 2009，2010a，2010b；阮全友，2012；刘晓民，2013）还有的从微观层面深入分析，在课程教学中探讨思辨能力培养的具体路径，为思辨教学的具体实施提供借鉴和参考。（李莉文，2011；杨莉芳，2015；蓝纯，2017；伊蕊，2020）这些前期研究将思辨能力培养推到了一个新的高度，为该理念在外语课堂中的实际运用及其有效性给出了参考意见。而在思辨教学方面，我国好多高校目前仍处于起步阶段，对如何教和学探讨不足，（阮全友，2012；刘晓民，2013；Dong，2015；张虹，2019）特别是对教学具有实际参考意义的微观实证研究尚不多，鲜有研究结合现代信息技术开展思辨教学。当务之急是探索思辨英语教学的有效课堂操作方法。（孙有

---

① 基金项目：2018年浙江省教育厅科研项目：多模态环境下多元读写能力培养模式研究——以《综合英语》为例，（Y201839447）；2020年度校级线上线下混合式教学改革项目：基于思辨驱动的线上线下融合式课程改革。

中，2019：826）鉴于此，本文聚焦《综合英语》课程，通过分析该课程教学现状，借助现代网络教学平台的优势，尝试探索思辨英语教学在该课程中的有效课堂操作方法。

2　《综合英语》课程教学现状分析

《综合英语》是本科英语专业核心课程中的一门语言技能课程，贯穿本科基础阶段四个学期，在所有语言技能课程中，所占课时最多，学分比重最大。《指南》对《综合英语》的"教学内容"描述为"充分体现课程的'综合'特色，融语言、文学、翻译和文化知识于一体……同时融合语言与知识教学，强调整体系统性；文学与文化知识教学凸显学科的人文特色"。（英语专业教学指导分委员会，2020：15）在"教学目标"的最后提到"运用所学知识和技能进行批判性思考，并结合现实生活中的实际问题或热点话题展开讨论，表达观点，培养思辨能力"。（英语专业教学指导分委员会，2020：15）笔者在教学实践和研究中发现，目前的《综合英语》教学有两大突出问题与《指南》背道而驰。一是语言教学的"去语境化"现象严重。传统的课堂教学没有体现整体教学观，忽视语境的重要性，未能将语言与知识在具体语境中有机融合，而是以应试为导向，把语言知识点从篇章中剥离出来进行讲解，聚焦点是孤立的语言知识和语言技能，未能体现整体系统性。二是课堂时间有限，不能同步兼顾语言教学和思辨能力培养。尽管一线教师意识到了思辨能力培养的重要性，也有涉及思辨英语教学，但未能将思辨的元素显性化和可视化，大多隐含在语言技能的培养中。再加上学生基础薄弱，课前准备不足，教师引导不力等多方面原因，使思辨能力培养最多只是间接的、偶然的和随机的。

3　线上线下融合式思辨英语教学设计与实施

针对以上问题，笔者提出"线上线下融合式思辨英语教学模式"。"线上线下"能拓展课堂时间和空间，有效解决传统课堂时间有限不能兼顾思辨能力培养的问题。"融合"包括教学内容（语言与知识教学）的融合，教学方法（CBL，PBL，HIBL）的融合、教学方式（启发式、讨论式、参与式）的融合、教学手段（传统与现代）的融合，在解决"去语境化"问题的同时促进语言能力和思辨能力的融合发展。

接下来笔者通过《综合英语（4）》具体一个单元的案例研究探索该教学模式在具体单元教学中的实施。《综合英语（4）》在英语专业第四学期开设，经过前三个学期的学习，学生在语言知识和语言技能方面积累了一定的基础，第四学期的教学目的是在加强和巩固语言知识的基础上向专业课程过渡。因此，在这学期开展思辨英语教学能充分利用学生的语言优势，使语言教学由显入隐，而思辨教学由隐入显，增加课程的思辨性、专业性和人文通识性，实现技能课程和专业课程之间的无缝对接。在具体实施的过程中，以"思辨英语教学"为核心理念，以孙有中（2019）提出的 TERRIFIC

（Target 目标、Evaluate 评价、Routinize 操练、Reflect 反思、Inquire 探究、Fulfill 实现、Integrate 融合、Content 内容）思辨英语教学原则为指导，通过线上线下融合的教学手段，同步培养学生的语言能力和思辨能力，以期为英语专业基础阶段技能课程教学改革提供参考。

3.1 教学对象

本研究实施于 2020 年春季学期，研究对象为普通高校英语专业二年级的两个班，共 63 人，为期 18 周。

3.2 教学方案

整体教学实施方案如下：①学期第一周对学生的思辨能力开展自我评价调查，量表根据课程目标编制而成。②第二周至第十七周，实施思辨英语课程教学，同时采用思辨标准（Paul and Elder，2016a）对学生的思辨能力进行评价，融合培养学生的思辨能力和语言能力，促成其思辨品质的养成。③第十八周，对研究对象开展问卷调查和个案访谈。问卷分两部分，第一部分与前测的思辨能力自我评价量表一致，主要是了解学生一学期后自我感知的思辨能力变化；问卷的第二部分是调查学生对该教学模式的满意度及该教学模式对其课内、课外学习行为的影响，同时选取个别学生进行深度访谈，了解其具体的想法，与问卷调查形成互证。

3.3 教学示例

笔者以"新世纪高等院校英语专业本科生系列教材《综合教程（4）》（第 2 版）第三单元 Alienation and the Internet"为例进行教学示例说明。该文是一篇结构严谨的议论文。文章作者首先提出自己的论点：互联网一方面能够使人们自由交流从而促进全球化，另一方面又会使人际关系疏远。之后作者通过实例论证了这一看似矛盾的观点。最后作者提出只要我们在生活中找到平衡，就能够最大限度地发挥互联网的潜力而不失去我们的存在感。文章结构清晰，论述准确而有条理，是进行思辨教学的适切素材。首先，对互联网正反两方面影响的探讨有利于打开学生的思路，使学生看问题更加全面；其次，论证部分"证据"和"说理"两种方式相结合，相辅相成，是培养学生逻辑思维能力的典型范例；再次，文中涉及"社会关系的疏远"和"社区意识的培养"等方面的问题，有助于学生联系生活实际，批判性地看待相关社会问题。

一个单元的课堂教学时间共 8 课时，分四个教学环节：①驱动环节：任务式驱动（1 课时）；②整体阅读环节："以问题为导向"的探究式合作建构（2 课时）；③仔细阅读环节："以活动为中心"的融合式操练（4 课时）；④巩固环节："以评价为手段"的巩固反思（1 课时）。

3.3.1 驱动环节：任务式驱动

这一环节以任务为驱动（表 1），学生通过完成线上线下一系列任务，明确自身在语言、内容和思维方面的缺口，从而激发学习欲望。教师在此过程中进行监督和诊断，从而有针对性地选择教学材料，调整教学内容。然后，师生合作共建单元教学目标，根据目标原则，思辨英语教学应将思辨能力培养纳入教学目标。（孙有中，2019：827）

表 1　任务式驱动

任务 1	观看线上微视频学习线上拓展资源	微视频 1：What is the Internet?
		微视频 2：Internet Addiction
		资源 1：课前阅读 Origins of the Internet
任务 2	完成线上头脑风暴	讨论 1：How does the internet impact our society?
		讨论 2：Can we live without the internet?
任务 3	完成线上测试和线上作业	测试：单元相关词汇语法测试 20 题
		作业：如何说服你的朋友摆脱"因特网上瘾"？
任务 4	线下讨论	小组呈现：the impact of the internet in our society
		组间辩论：pros and cons of the internet
		班级讨论：the possible causes of the internet addiction
		引入课文：What would be the negative consequences of the internet?
任务 5	线下课后反思	学生反思语言和认知方面的不足，找到缺口，激发学习欲望
		教师诊断学生的学习障碍和需求，调整教学内容
任务 6	线下师生合作共建本单元教学目标：知识目标、能力目标和素质目标	

首先，学生通过在线观看教学微视频和学习相关资源进行线上头脑风暴，完成相应的测试和作业，达到对本单元话题的整体把握和了解。

其次，线下针对重点和难点，学生进行深入讨论和探索，结合单元主题和生活实际构建自己的知识体系。在建构的过程中，教师在语言、内容和思维方面为学生搭建支架，帮助学生完成任务。根据反思原则（孙有中，2019），学生在这一过程中反思自身在语言和认知方面的不足，找到"缺口"，激发学习欲望；教师诊断学习障碍和需求，调整教学内容。

再次，结合学习中的困惑和教材中的单元学习目标，师生合作共建本单元的教学目标，包括知识目标、能力目标和素质目标。能力目标中凸显思辨能力的培养，素质目标中体现思辨品质。

最后，把教学目标具化为产出目标，并在每一个教学环节细分为具体的子目标，并确保子目标之间具有承接性和逻辑性。

3.3.2 整体阅读："以问题为导向"的探究式合作建构

根据探究原则，思辨英语教学提倡探究式学习，而探究型教学以问题为导向。（孙有中，2019：831）整体阅读是以"问题为导向"的探究式合作建构的过程（表2），教师通过苏格拉底式提问，（Paul and Elder，2016b）引导学生一步步探索作者的写作思路，师生合作建构篇章框架结构。

表2　"以问题为导向"的探究式合作建构

学生课前线上观看微视频和学习资源：

微视频1：段落写作之对比关系（为课内分析课文段落做准备）

微视频2：作者介绍（了解作者写作风格和写作背景）

资源1：课中阅读 The Internet and Social Alienation（了解 internet 相关背景信息）

课内线下探究和合作建构：

问题1：Do you know anything about the author?（了解作者）

问题2：What is social alienation according to your knowledge?（背景信息）

问题3：What is the genre of the text?（文章体裁）

问题4：According to the genre, how many parts can the text be divided into?（框架结构）小组讨论，并派其中一组的代表上台写出课文提纲。

	问题5：How does the author start his argument? (para1-2)（若该问题学生回答不全，可以进一步细化为6、7两个问题进行追问。）
第一部分 （para1-2）	问题6：What's the author's viewpoint about the benefits of the internet? (para 1)
	问题7：Does the author see any negative side of the internet? What is it? (para 2)
	问题8：By now, do you know how the author start his argument?(para1-2)（在6、7两个问题的基础上再回过头来回答问题5，一般迎刃而解了。）
	问题9：How does the author support his point in the body of argumentation? (para3-6)（若该问题学生未能作答或回答不全，进一步追问。）
	问题10：What is the author's purpose of citing the example of his friend in paragraph 3? How is the example related to his argument? (para 3)
第二部分 （para3-6）	问题11：How do children nowadays play for games? (para 5)
	问题12：When you were a kid, what were your favorite games? (para 5)
	问题13：Why does the author narrate his own story in paragraph 5? (para 5)（该问题以11、12两个问题为基础）
	问题14：What's the similarity between the examples in para 3 and para 5?（让学生通过探究自己去发现这两个段落之间的相似点，同属于支撑观点的 evidence）

	问题 15：When and how did the fragmentation of American society begin? (para 4)
	问题 16：What alienated society members before the internet gained popularity? (para 4)
第二部分 （para3-6）	问题 17：What is the "cruel irony" concerning the use of the internet mentioned at the end of para 4? (para 4)（15、16、17 这三个问题层层深入，作者采用说理的方法来支撑观点，属于 reasons）
	问题 18：What is another negative consequence of the internet? (para 6)
	问题 19：How does the author put forward this consequence? (para 6)（18、19 两个问题也是紧密相关的，在该段作者也以说理的方法来支撑观点，也属于 reasons）
	问题 20：So, how does the author support his point in the body of argumentation? (para3-6)（再回到问题 9，通过 10-19 一系列的问题让学生发现作者论证所采用的两种方法 "evidence" 和 "reasons"，并让学生自己来总结。）
	问题 21：According to the author, how can the potential of the internet be realized? (para 7)
第三部分 （para 7）	问题 22：Does the author believe it is within human capacity to reap the benefits of the internet without being penalized? Why? (para 7)
	问题 23：What is the concluding statement in this paragraph? (para 7)
	问题 24：What is the author's purpose in writing this text? (para 7)
	问题 25：Do you agree with the author's opinion? Why?（先小组讨论，接着邀请同学陈述小组内同学的观点，然后全班讨论，总结观点。）

苏格拉底式提问是指通过一系列的追问，帮助学生厘清思路，基于自己的推理做出判断并引发思考。（Paul and Elder, 2016b）这种提问方式把课堂教学变成一个探索的过程，而非简单的知识传授和接受的过程。教师引导学生运用思辨技能去分析、推理，拆解课文文本，然后建构自己的篇章框架体系。学生通过对具体问题的回答，一步步探索作者如何提出观点，怎样采用"证据"和"说理"两种方式进行论证，最后如何总结重申观点，点明主题。最后，教师要求学生对作者的观点进行评价，提出自己的观点，培养学生的批判意识，激发创造力。因此，苏格拉底式提问能引导学生通过自己的探索去挖掘作者的写作思路，教师的作用是搭建支架，引导学生逐步找寻问题的答案，从而培养学生的思辨能力。

3.3.3 仔细阅读："以活动为中心"的融合式操练

根据融合原则，思辨学习和语言学习应融为一体，相互促进，相得益彰。（孙有中，2019：834）仔细阅读是"以活动为中心"的融合式操练的过程（表 3），教师通过设计一系列的课堂活动，引导学生围绕"关键概念"把课文中分散的语言点和知识点串联起来，并在这一过程中培养学生的思辨能力，从而达到语言教学和思辨能力培养的有效融合。

表 3 "以活动为中心"的融合式操练

课前学生线上观看微视频和学习资源：

资源 1：学习 Unit 3 PPT（学习课文中涉及的语言点）

微视频 1：词汇的反义关系（学习课文相关修辞技巧）

微视频 2：倒装（inversion）（学习课文相关语法点）

微视频 4：翻译中的正说反译技巧（学习课文相关翻译技巧）

课内线下融合式教学和操练：

活动 1： 第一部分（para 1-2）	围绕两个关键概念"globalization"和"alienation"，让学生以小组为单位从课文中把所有和这两个词相关联的词汇、短语都挑出来，对他们进行分类并填空，然后分享。
活动 2： 第二部分（para 3-6）	作者采用"evidence"和"reasons"两种方式来进行论证，支撑自己的观点。这部分围绕"evidence"和"reasons"两个关键概念，把全班同学分成两组，一组找"evidence"，另一组找"reasons"，然后进行小组讨论、填表并分享。
活动 3： 第三部分（para 7）	作者提出自己的观点，重申篇章主题。这一部分让学生对作者的观点进行评价，并提出自己的观点。在学生中开展辩论，同意的一组，不同意的另一组，然后进行填表分享。

活动 1 的设计是对词汇进行分类，看似简单，实际上是深度理解课文内容之后的一个操练。该活动本身既是语言练习又需高阶思维能力参与其中，目的是让学生在寻找、分类和归纳的过程中深化对"globalization"和"alienation"这一对反义词的理解，做到语言教学和思辨能力培养的有机融合，避免传统教学把语言剥离出来讲解的弊端。

活动 2 的设计让学生在阅读和讨论的基础上全班一起合作共建。在探究"evidence"和"reasons"的过程中，课文中的生词、语法和重点句子，经过课前线上学习和课内来回活动的设计，学生实际上已经进行了多次有意义的学习。针对其中的重难点词汇和复杂句型，教师再挑出来作重点讲解，实现"语言教学"和"思辨能力培养"的有机结合。

活动 3 的设计是让学生对作者的观点进行挑战。思辨英语阅读要求学生对课文内容，基于理解，再来评价。课上的即兴评价，如果学生没有时间准备，通常是感性的、浅显的、碎片化的，对语言水平和思辨能力的提高比较有限。因此，在本次课前，教师把其作为一个作业布置下去让学生查资料、找证据，借助专业知识的框架来激发思维、拓宽视角，然后回到课堂上再来评价，那是一个更高层次的评价。"理解—评价—产出"的过程是思维发展层层递进的过程，有利于渐进式地培养学生的思辨能力。

3.3.4 巩固环节："以评价为手段"的巩固反思

巩固环节是单元教学的最后环节，以评价为手段让学生对本单元所学进行回顾、总结和反思（表 4）。根据评价原则，教师应运用思辨标准对学生的课堂表现和作业进行评价。（孙有中，2019：828）笔者采用 Paul and Elder（2016a）思辨标准中的"清晰度、精确性和准确性"来评价语言（30 分），采用"重要性、相关性和完整性"来评价内容（30 分），采用"逻辑性、公平性、深度和广度"来评价思维（40 分）。评价方式以"师生合作评价"为主，学生自评、同伴互评、机器评价为辅。通过评价，使学生明确自己在语言、内容和思维方面的不足之处，进而反思并撰写反思报告，有选择性地查漏补缺，提高自身的元思辨能力，以评为学。

表 4 以"评价为手段"的巩固反思

课前线上总结和反思：	
课后阅读：Is the Internet Hurting Humanity?	
总结：在线完成三篇课外阅读的总结报告，线上提交，同伴互评	
总结：独立完成课文 summary，线上提交，同伴互评	
反思：查漏补缺，根据自身情况在网络平台有选择性进行学习巩固	
课中线下总结、评价和实现：	
同桌之间就线上提交的总结进行分享，相互倾听切磋，合作改进；然后教师邀请同学在班上进行分享，依据"思辨标准"开展师生合作评价。	
学生分组讲解课后主要练习题，并在讲解的过程中，在教师引领下依据"思辨标准"进行同伴互评和自评。	
课后线下反思：	
请基于本单元的学习进行反思	我查找了哪些资料，进行了哪些探索？
	我掌握了哪些词汇、语法知识？
	我获得了哪些写作技能和翻译技能？
	我运用哪些思辨技能解决了哪些问题？
	我还有哪些学习中的困惑或难点尚未解决？

巩固反思环节，学生先独立思考完成在线任务，并尝试依据"思辨标准"通过在线打分进行同伴互评并由系统算出平均分。独立思考之后进行同伴分享，学生学会相互倾听，从不同的视角思考问题，拓展思路。然后，教师邀请学生代表组织语言概括自己和他人的观点在班上进行分享，教师依据"思辨标准"从语言、内容和思维三个维度对学生的产出进行师生合作评价。师生合作评价主张学生每次自评或互评都是教师专业引

领在先，领着全体学生一起合作评价。（文秋芳，2016：42）学生在评价过程中，掌握和内化"思辨标准"，并将这一标准迁移运用到课后练习的自评和互评中。单元结束之后的反思也是培养独立思考者的一个很重要的策略，学生通过撰写单元反思报告对自身知识、能力和思维品质进行自我评价，提高元思辨能力；教师对学生的反思报告进行书面文字反馈，促进学生良好思辨品质的养成。

4 教学反馈及反思

4.1 问卷调查反馈

第18周，笔者对两个班的63名学生在教室里进行匿名问卷调查，共收到有效答卷63份。通过对答卷结果的统计分析，78%的学生（选4通常符合和5完全符合的同学，下同）认为自己比以前更具有探究精神，喜欢对问题进行进一步追问，且对新事物有强烈的学习愿望；90.9%的学生认为自己对不同意见的容忍度增加了，并乐于接受他人的建议；75.8%的学生认为通过这门课的学习，自己在思辨技能，特别是分析、推理、评价等思维能力方面有了很大的进步；另有87.8%的学生认为课堂思辨活动有助于其思辨品质的养成，认为自己比以前更具有锲而不舍、不怕挫折、不轻言放弃的精神。这些结果充分表明，思辨英语课堂对学生的思维品质产生了积极影响。

4.2 访谈反馈

第18周，笔者从63名学生中随机选取6名同学（学习成绩分布在上、中、下的各两位）进行深入访谈。访谈结果分析如下：

（1）学生普遍表示"线上线下融合的方式"比传统课堂对其思维能力的训练和语言点的掌握更有帮助。线上的头脑风暴能使他们不受时空限制，在深入思考之后畅所欲言，同时其他同学对问题的看法也使他们开阔了思路，对拓展自己的思维很有帮助。学生均认为通过线上单元作业和测试，明确了自己的薄弱环节，从而有针对性地进行学习，在课堂上通过问答和讨论进一步加深了对语言知识点的了解和掌握，觉得这种线上线下融合的方式比传统课堂更有助于语言学习。

（2）有2位学生提到这种"以问题为导向"的篇章阅读方式使他们对篇章的主题有了更加深刻的领会，通过自己的探究把握篇章的逻辑结构，从而体味作者的匠心独运和谋篇布局。

（3）有1位同学对"文章结束后对作者观点的评价"这一点比较认可。认为这种方式能够引发他们各自的观点，从多方面来看待问题，阅读主题由此得以升华。

（4）有3位同学觉得"以活动为中心进行仔细阅读"对他们很有启发。有一位同学表示这样有利于他们运用预测、推理、分析、概括等思维方法深层次理解课文；另一位表示有意识、有选择地在篇章中寻找信息资源，能帮助其汲取关键信息，并勇于质疑、探索和发现。还有一位指出这对帮助他理清文章背后的逻辑顺序很有帮助，有利于他按照范文进行仿写。

（5）学生对单元之后的反思环节表示普遍认同。认为这有利于自我诊断语言学习中的强项和弱项；也可以监控和评价自己的学习表现，明确如何能更有效地学习；同时能将成功的学习策略运用于新的学习任务。

4.3　教学督导反馈

除问卷调查和访谈外，笔者还邀请了同行专家督导观摩了课堂，并提出了反馈意见。专家在整体上予以肯定，但也提出了一些建设性改进建议。

（1）线上教学思辨元素体现不强。目前线上环节主要是一些语言知识点的微视频、在线头脑风暴、在线作业和在线测试，督导建议增加在线小组教学，增加同伴之间的互评和反馈。同时，还需增添更多的单元主题相关的思辨性内容作为课外扩充阅读，增强课程的学科知识性。

（2）提问应给学生更多的思考时间。有些难度稍大的问题应给学生更多的思考时间，班上优秀的学生的回答并不代表全体学生的水平，其实大部分学生还是不清楚的。建议先给学生一些问题，让他们课前独立思考，尽自己最大的能力给出问题的答案，然后在课堂上同桌之间先切磋讨论，再进行分享。

（3）课后应增加思维案例训练。督导对课后反思环节比较认可，但觉得这样还不够。具体建议是篇章学完之后，可以针对课文中所学的框架结构、主题句的写作和重点词组的用法等进行仿写。写前进行头脑风暴，教师可参与其中，引导学生更好地展开思辨，同时对自己的大纲进行整理。然后，学生根据自己的大纲，按照课文的句式进行句子仿写，并在平台进行提交。写后，教师对典型样本中存在的问题进行反馈，并引导同学们进行互评，同时教师随时监督和管理并对优秀作品进行展示。

4.4　教师反思

从学生的问卷调查和访谈以及督导的反馈来看，该思辨英语教学设计整体方案是可行的。该教学设计通过线上线下融合的方式基本实现了语言教学和思辨能力培养的有机融合，对学生思辨技能的训练以及思辨品质的养成有一定的帮助，同时在各类思辨活动中促进语言知识点的吸收和内化，做到了思辨显性化和语言教学隐性化。但是，在具体操作层面还需进一步改进，如线上教学环节如何更好地体现思辨性；线下课堂环节如何体现全员参与性；课后环节如何让学生把所学的思辨技能更好地运用到实际操作中，从理论和实践层面都得到提升。这些都将在下一轮教学中进行优化改进。

5　结论与启示

通过《综合英语（4）》具体一个单元的课例研究，本文探讨了线上线下融合式思辨英语教学，教学活动设计以 *TERRIFIC* 思辨英语教学原则为指导，具体实施分四个教学环节：任务式驱动、"以问题为导向"的探究式合作建构、"以活动为中心"的融合式操练、"以评价为手段"的反思巩固。根据学生和督导的反馈，思辨英语教学的整体设计从中观层面来看具有一定的可行性，对促进学生语言能力的提升、思辨技能的训练和思辨品质的养成有较好的引导作用，基本做到了语言教学和思辨能力培养的有机融合，对语言教学实践有一定的参考意义。但从微观操作层面来看，线上教学平台思辨元素的设计、线下课堂的思辨活动方式的探索和学生思辨实践活动的有效开展等细节问题尚有许多改进之处，有待下一轮教学中进行完善。

本研究对语言教学的启示是，英语专业基础阶段的课程不仅仅是语言技能课程，教师应该让学生通过单元学习探讨单元主题相关领域的专业知识，考虑怎么样让教学更能激发学生的创造力，怎么样让课堂变得更加有思辨含量，让语言的课堂不仅是语言的学习，还是学生在文、史、哲、社会学、文化研究、语言研究等领域拓展知识、边界，然后积累最基本的人文素养和学科知识的一个过程。后期的研究可以横向探索，怎样使《综合英语》课程与基础阶段的其他技能课程如《英语视听说》《英语口语》《英语阅读》《英语写作》《英语语法》等课程相衔接，所有基础阶段的技能课程能否进行配套教学，从而使思辨能力的培养更具系统性和完整性。也可以进行纵向研究，如《综合英语》课程第一册到第四册，各自思辨能力培养的侧重点有何区别，学生的知识储备和思维特点在不同阶段有何不同，从而采取不同的思辨教学策略、安排有针对性的思辨活动，使思辨教学在一个循序渐进的过程中有序进行。

参考文献：

[1] Dong Y. Critical thinking education with Chinese characteristics [C]//Davies M, Bamet R. *The Palgrave Handbook of Critical Thinking in Higher Education*. New York: Palgrave Macmillan, 2015.

[2] Paul R, Elder L. *Critical Thinking Competency Standards* [M]. Beijing: Foreign Language Teaching and Research Press, 2016.

[3] Paul R, Elder L. *The Art of Socratic Questioning* [M]. Beijing: Foreign Language Teaching and Research Press, 2016.

[4] 教育部高等学校教学指导委员会. 普通高等学校本科专业类教学质量国家标准 [M]. 北京 : 高等教育出版社 , 2018.

[5] 教育部高等学校外国语言文学类专业教学指导委员会 , 英语专业教学指导委员会 . 普通高等学校本科外国语言文学类专业教学指南——英语类专业教学指南 [M]. 北京 : 外语教学与研究出版社 , 2020.

[6] 蓝纯 . 架起技能课和专业课的桥梁——《大学思辨英语教程精读 1: 语言与文化》教学反思 [J]. 中国外语教育 , 2017, 10(3): 25–31.

[7] 李莉文 . 英语写作中的读者意识与思辨能力培养——基于教学行动研究的探讨 [J]. 中国外语 , 2011(3): 66–73.

[8] 刘晓民 . 论大学英语教学思辨能力培养模式构建 [J]. 外语界 , 2013(5): 59–66.

[9] 阮全友 . 构建英语专业学生思辨能力培养的理论框架 [J]. 外语界 , 2012(1): 19–26.

[10] 孙有中 . 突出思辨能力培养 , 将英语专业教学改革引向深入 [J]. 中国外语 , 2011(3): 49–58.

[11] 孙有中 . 外语教育与思辨能力培养 [J]. 中国外语 , 2015(2): 1, 23.

[12] 孙有中 . 人文英语教育论 [J]. 外语教学与研究 , 2017(6): 859–870.

[13] 孙有中 . 思辨英语教学原则 [J]. 外语教学与研究 , 2019, 51(6): 825–837.

[14] 文秋芳 . "师生合作评价"："产出导向法"创设的新评价形式 [J]. 外语界 , 2016(5): 37–43.

[15] 文秋芳 , 刘艳萍 , 王海妹 , 等 . 我国外语类大学生思辨能力量具的修订与信效度检验研究 [J]. 外语界 , 2010 (4): 19–26, 35.

[16] 文秋芳 , 王建卿 , 赵彩然 , 等 . 构建我国外语类大学生思辨能力量具的理论框架 [J]. 外语界 , 2009(1): 37–43.

[17] 文秋芳 , 赵彩然 , 刘艳萍 , 等 . 我国外语类大学生思辨能力客观性量具构建的先导研究 [J]. 外语教学 , 2010(1): 55–58, 63.

[18] 文秋芳 , 周燕 . 评述外语专业学生思维能力的发展 [J]. 外语学刊 , 2006(5): 76–80.

[19] 吴岩 . 中国"金课"要具备高阶性、创新性与挑战度 [EB/OL]. (2018–11–24).http:// education.news. cn/2018–11/24/c_1210001181.htm.

[20] 杨莉芳 . 阅读课堂提问的认知特征与思辨能力培养 [J]. 中国外语 , 2015, 12(2): 68–79.

[21] 伊蕊 . 高校英语专业精读课思辨能力培养课例研究——以《大学思辨英语教程精读：社会与个人》第六单元为例 [J]. 中国外语 , 2020, 17(3): 70–76.

[22] 张虹 . 思辨英语教学：英语专业教师认知视角 [J]. 外语研究 , 2019(4): 57–62.

作者简介：

殷鸶，女，1981 年 12 月生，浙江绍兴人，教育学硕士，浙江越秀外国语学院英语学院讲师，主要从事英语教学研究。

语言学及应用语言学研究

中印边境对峙新闻话语策略研究

◎ 陈文涛

1 引 言

1962 年 10 月 20 日至 11 月 21 日爆发的中印自卫还击战，我国采取了诱敌深入、重点打击的灵活战术，最终一举歼灭了来犯之敌，取得了巨大成功，狠狠打击了印度的嚣张气焰，遏制了周边蠢蠢欲动的敌人，为中印争取了几十年的发展机遇。（殷杰，2020）然而，中国和印度自 2017 年 6 月 18 日起在边境的军事对峙持续了两月余，引起了全世界的关注。居心叵测的国家和组织也在暗中推波助澜，助长了印度的嚣张气焰。我国政府立场坚定，据理力争，最终成功促使印度撤军，化解了中印自 1962 年边境冲突以来最大的危机。印度总统莫迪也积极参加了厦门金砖会晤。虽然中印对峙最终避免了军事冲突，但是两国的边境增兵无疑带来了经济损失，其间的"口水仗"也为今后的中印关系埋下了不良种子。2018 年 2 月以来，印度在居心叵测的国家指使下，主动调整与我国的关系，严重影响了中印友好发展的趋势。（李兴明，刘万义，张婧宇，2019）中印主要新闻机构对此事件的报道对危机的化解及今后的两国关系发展也起着举足轻重的作用。

中印主流媒体机构的话语并非反应对峙的客观存在，而是建构国家意识形态，向国际倾泻国家意志，研究其新闻话语表征具有积极意义。研究中印边境对峙期间的主流新闻话语表征有利于研究印方的立场和意识形态，洞察话语表征背后隐藏的意识形态、国家意志和政治策略，开辟新闻话语分析的新视角，拓宽话语分析的视野，促进话语分析研究的发展，构建我国主流媒体的话语策略，从而有利于我国掌握中印交流的主动权。

2 文献回顾

一般而言，话语为在特定的社会、文化和历史环境下具体的语言交际事件。话语是与语境或实际生活相关的语言活动，是实际生活中的语言活动。（施旭，2010：129）话语是特定社会语境中人际沟通的具体言语行为，通过能指和所指的契合，体现意识形态，展示国家、集团或个人的话语权。新闻话语能指和所指严密结合，是实现意识形态日常生活化的理论途径，其编码越巧妙，越能展示主导的意识形态。（吴学琴，2014）

话语还具有建构性特征。话语在其实践过程中不断建构社会和个体意识，建构积极的社会媒介，而非反应客观存在。因此，研究话语实践，需要透过客观存在洞察隐藏的意识形态，分析话语构建意识形态的表征。（纪卫宁、辛斌，2009）

话语分析作为一种研究方法，除了用来研究语言本体成分的形式和意义外，也用来研究话语篇章表现的社会、文化和意识形态。（陈平，2017）一个社会中的主流意识形态往往是占统治地位阶层的意志体现，一般具有高度的融合力和强大的传播力（王清，2013）新闻话语表征为批评语言学和批评话语研究的重点。（Fowler，1991；Fairclough，1995）批判话语研究得以超越了单一学术理论或方法的范畴，成为一种追求社会进步的、具有普遍意义的思想武器。（常江、田浩，2018）然而，批评语言学视域下的新闻报道很难做到完全客观和公正，新闻媒体总是为特定的意识形态和统治阶级立场服务，其对新闻事件的加工能够加强意识形态对人们的统治地位，促进特定意识形态的再生产过程。（Fowler，1991）因此，研究新闻话语表征有助于我们了解其背后隐藏的意识形态和特定立场，揭示话语、权力及意识形态之间的关联（Kuo and Nakamura，2005；辛斌，1996、2005），并据此建立我国对印度的话语战略，掌握中印事务主动权。批评话语分析理论旨在揭露话语背后隐藏的消极因素，如意识形态、国家意志和机构倾向等，而积极话语分析理论试图发现话语传递的积极因素，如和平谈判和协商解决意向等。批评话语分析和积极话语分析具有较强的互补性，（胡壮麟，2012）综合运用两种分析理论有助于客观、真实地理解话语信息。

3　理论框架

语言可视为社会实践的形式。语言为社会的组成部分，非独立于社会而存在；语言是种社会过程，是受社会中的语言和非语言因素调节的过程。因此，话语的三维性是指文本、话语实践和社会实践。话语实践和社会实践的关系错综复杂、相互交织。不同社会环境中的语言体现的语言使用者的权力具有不均衡性。语言反映不同的意识形态及其支配的社会权力。话语实践协调文本和社会实践的关系，话语分析旨在探讨文本、话语实践和社会实践之间的关系，揭示隐含的意识形态和社会权力。（Fairclough，1993）探讨语言的人际功能也有助于话语分析。

语言人际功能是指语言具有实现人与人之间的交流，表达和理解人的情感、态度和判断的功能。（Bloor and Bloor，2004：14）交流者通过情态表达对交流过程进行评价，实现语言交际与交流。情态动词是表达情态常用的词汇。情态动词可分为三个等级，即低强度、中等强度和高强度。低强度的情态动词：might, may, could, can, dare, needn't, didn't need to, doesn't need to；中等强度的情态动词：is/was to, would, will, should, isn't/wasn't to, won't, wouldn't, shouldn't；高强度的情态动词：must/mustn't, ought/oughtn't to, has/have to, haven't/hasn't/hadn't to, can/couldn't。此外，话语历史背景分析法也是重要的新闻话语分析方法。

历史事件的进展与话语的发展紧密相连。话语分析离开历史进程将是无果之花、无米之炊。话语分析糅合入历史事件分析将给其带来鲜活的生命，基于历史事件的话语分析更具历史张力和说服力。话语、权力、历史事件密切关联，为规范化的语言表现形式。话语深植于历史长河中，具有深厚的历史渊源，对历史的表征、分析和发展具有重要作用。（Falrclough and Wodak, 1997）历史因素，尤其是意识形态、权力地位和实力影响话语分析的发展，决定其最终成就和社会历史价值。

4　研究方法

语料库语言学研究中，语料库对等是研究的基础。（洪岗，2001：43）《中国日报》是我国权威的外宣英文媒介。（胡美馨，黄银菊，2014）《印度新闻》是印方外宣的主流媒介。该课题拟结合系统功能语言学的相关理论，自建语料库，分析中印主流媒体在中印边境对峙阶段的新闻话语。

本研究采用语料库辅助分析、批评和积极话语分析法（Partington, 2004），结合定量的语料库分析和定性的话语功能和历史背景分析，以求增强研究结果的效度。

本研究基于两个平行的专门用途语料库：《中国日报》语料库和《印度新闻》语料库。这两个语料库包含了 2020 年 5 月 27 日至 2020 年 7 月 22 日中印边境对峙期间中印双方全部相关新闻报道。前者收集 71 个新闻语篇，36 979 词，后者收集 43 个新闻语篇，37 690 词，共计 114 篇，74 669 词。采集语料的标准为与中印边境对峙事件相关；所采语料为发生在中印边境对峙期间的新闻报道。

基于上述两个专门用途语料库，结合话语历史背景分析法、批评话语和积极话语分析理论，该文的研究对象为：①语料库中相关词的共现频率对比；②研究三个具有代表性的不同强度的情态动词，即 must, might, should 的出现频次；③采取话语历史背景分析方法研究中印边境对峙的参与方、参与方的主要特点、话语中专有名词的命名以及话语立场的强化和弱化。

5　研究结果

研究结果分为两部分，即运用 Wordsmith4.0 获得的研究结果与采取话语历史背景分析方法获得的研究结果。

5.1　语料库中相关词的共现频率对比

运用 Wordsmith4.0 检索两个语料库中下列动 / 名词的共现频率：threaten（威胁）、intrude/intrusion（入侵）、negotiate（谈判）以及 One Belt, One Road/The Belt and Road（"一带一路"），分析其共现情况，对比分析中印主流媒体报道中印边境对峙事件的话语表征及我国新闻宣传应采取的用词策略。另外，本研究还检索了情态动词（must, might, should）来探讨中印双方的人际交流与情感表露（表1）。

表 1　语料库中相关词的共现

共　现	语料库
...the PLA's border troops will become more competent, which New Delhi fears would threaten its illegal control of Southern Tibet, historically a Chinese territory...	
But the tensions resulting from the intrusion will surely grow if there is not a total withdrawal of the Indian troops.	
India's intrusion into the Chinese territory under the pretext of Bhutan has not only violated China's territorial sovereignty but also challenged Bhutan's...	
China will never negotiate with an invading force when its national territorial integrity remains...	
...it provides an understanding of why China has refused to negotiate.	
...there is a need to reach strategic consensuses with India on "one belt, one road". Indian troops' transgression...	
...and at a time when it is proceeding with the Belt and Road programs...	中国日报
Although the Belt and Road Initiative has been proposed by China, it is also in the interest of others.	
If India narrow-mindedly attempts to disrupt the Belt and Road Initiative, it would not only be making a strategically myopic move, but also a politically reactionary step and end up losing in the end.	
The two countries must join hands in a durable friendship to rejuvenate an Asian Century.	
Indian troops must 'back out' from borders, Foreign Minister says.	
This suggests India might be preparing for a war with China, or pretending to go to war in the hope of forcing China into making concessions.	
India should respect the provisions in the boundary convention, before the situation deteriorates and leads to more serious consequences.	
...terrible in china. finally i know the reason now. Because roads are security threaten.	
Moreover, China can militarily threaten the strategically-vulnerable and narrow Siliguri Corridor just about...	
...attempts to construct a road at the border plateau China can militarily threaten Siliguri Corridor if the road is constructed...	印度新闻
...their rivalry for global influence and fears of containment by the other threaten to overshadow those aspirations.	

共　现	语料库
...China's foreign minister Wang Yi accused India of intrusion at borders...	
...Bhutan has strongly protested the intrusion on its territory.	
...he said. "There is no room for both sides to sit down and negotiate because the (Chinese) precondition is very clear," the expert said. "	
Indian wariness about the motives behind Beijing's flagship "One Belt, One Road" infrastructure initiative, which includes a key component in...	
It must be remembered that there has not been any incident of firing along the Line of Actual Control for the last 50 years.	印度新闻
India must build a railway line to Bhutan, an expert said.	
China might use other means to ensure there is no formal talks on the border issue before its precondition about troop withdrawal is met.	
India should do more than merely stopping Chinese troops from taking away border plateau from Bhutan.	

系统功能语言学认为语言具有表意功能，而及物系统是实现表意功能的重要语言结构。（Falrclough, 1995）及物系统是人们描述、阐释、理解现实的重要媒介，是人们描述现实的重要语言功能的体现，它明确动作的施与者与接受者，也能把社会事件、心理情感、意识形态描述为多种多样的过程，并阐明过程的参与者及其周围环境（Halliday, 1994）及物系统中的动作的施与者可以凸显施与者的权力、社会地位及其意识形态，而动作接受者则展现一种被动接受的社会地位和较弱势的权力分配，其意识形态也难逃动作施与者的阴霾。

由表1可见，印方屡次使用"threaten"一词明确动作的施与者与接受者，描述中印边境对峙事件，以表达印度对中国在边境地区修路的担忧。印方担忧其对西里古里走廊造成现实威胁；而中方则表明修路旨在增强边境能力，应对印度对中国固有领土藏南地区的控制所带来的威胁。可见，双方在边境地区存在利益冲突，均用"threaten"凸显施与者的意识形态，展现己方的被动接受，表达了双方的忧虑。

中方使用"One Belt, One Road/The Belt and Road"表明其欲与印方达成战略性合作，互利互惠的愿望，解释"一带一路"有利于利益各方。如果印方试图阻挠"一带一路"倡议，这将不仅是印方欠缺远见的举动，也是政治上保守的体现，最终会饱尝失败之苦。中印双方由于边境利益冲突带来了双方对"一带一路"迥然而异的看法，可见中印双方的合作共赢、互利互惠尚有较长的路要走。

本研究选择了三个有代表性的情态动词（must, might, should）来探讨中印双方的情感表征。印方使用了18次"must"表达强烈的情感表征，强调印度必须建设一条直通不丹的铁路，但同时强调中印边境已经有 50 年时间未发生军事冲突事件，表达了其对此次事件和平解决的愿望。而我方通过 22 次使用"must"强调印度必须从中国边境地区撤军，但也强调中印双方应该携手共创亚洲友好纪元。我方 10 次使用"might"表达较弱的情感表征，暗示印度可能正在准备战争。而印方使用 15 次"might"暗指中方可能在领土问题上拒绝谈判，除非印方撤军。值得注意的是，中印双方均大量（中方 92 次，印方 69 次）使用"should"表达中等强度的情感表征。中方主要表达印方应该尊重边境条约，避免情势恶化，产生严重后果；印方却表明其应该采取更多的措施，而非仅仅派遣部队阻止中方侵占边境地区，其言论明显违背了边境条约，否定了边境为中国领域的合法事实。虽然双方在边境问题上各执一词，但是在情感表征上均避免太多使用"must"等高情感强度的词汇来表达强烈的情感表征，而选择使用如"should"等表示中等强度的情感词汇来表明己方的诉求。可见，双方对此次对峙事件均持克制态度。

5.2 采取话语历史背景分析方法获得的研究结果

该研究采取话语历史背景分析方法，从四个方面对话语进行历史背景分析，（Wodak，2001；季丽珺，2013）即中印边境对峙的参与方、参与方的主要特点、话语中专有名词的命名以及话语立场的强化和弱化。

5.2.1 事件参与方

本文基于语料库语言学原理，使用 Wordsmith4.0 检索相关词汇的频次，从而确定事件参与方。中印对峙期间，《中国日报》和《印度新闻》均以维护本国利益为主要目标，围绕边境地区的修路和军队对峙描述了事件发生的过程及各方采取的行动。在该语料库中，《中国日报》语料里出现了 642 次"China"（1.67%），585 次"India"（1.52%），151 次"Border"（0.39%）；《印度新闻》语料里出现了 708 次"China"（1.83%），592 次"India"（1.53%），267 次"Border"（0.69%）。可见，中印对峙事件主要参与方为印度、中国及其边境地区。

《中国日报》151 次提及边境地区，宣称并强化了我国从容不迫地主张在我国边境地区修建公路及其他相关合法权利。而《印度新闻》267 次提及我国边境地区，明显多于《中国日报》提及的次数，反映了印方企图阻止我国在边境地区修路等合法权利，从而气急败坏、屡屡提及、欲盖弥彰的国家意志。而我国对边境地区拥有世界公认的、正当合法的所有权，无须通过多次强调来伸张所有权，故仅仅用几近印方一半的提及次数来维护自己的权利。同样，《印度新闻》216 次提及不丹，远多于《中国日报》的 107 次，揭露了印方旨在使不丹卷入纷争，转移国际社会注意力，博取国际社会同情，赢得对峙主动权的企图。而积极话语理论认为，我国较少提及不丹，即使提及也是对印方多次提及的被动回应，体现了我国试图缩小冲突范围，力图将对峙限制在可控范围内的目标。

5.2.2 参与方的特点

由于地理位置的独特性，不丹成为该对峙事件被动牵入的参与者，而中印双方是主要的利益冲突者。该事件的性质是边境地区能否修路的问题，背后隐藏的国家意志为印方认为我国的修路威胁其边境安全，而我国认为在自己的领土修路是正当、合法的行为，无意威胁任何国家或地区。中印双方解决事件的主要手段为军事对峙基础上的外交谈判，运用的话语理据主要为卫星照片、历史演变、国际法和逻辑推理。积极话语理论认为，中印之间相隔喜马拉雅山，不应成为利益冲突的主体，而应团结协作，互利共赢，主流媒体话语亦应聚焦求同存异，和平解决边界争端。

5.2.3 话语中专有名词的命名

中印双方展示的证据主要是站在各自国家利益角度，以各自的语言学规则命名地理位置或专有名词。《中国日报》语料中63次用"Border"指称边境（0.16%），88次用"boundary"指称边境（0.23%）；而《印度新闻》用"Border"指称边境，全部指称达267次（0.69%）。运用批评话语理论分析，"boundary"是侧重于分界线，而"Border"是英语词汇，我方更多地用汉语拼音来指称边境地区，宣称了我国对该地区的合法所有权，维护我国的国家利益，而印方用英语来指称该地区，不用汉语拼音来指称，企图淡化我国的合法权利，揭露了其仇视我国合法权利的意识形态。积极话语理论认为，印度曾经为英国殖民地，英语较为普及，所以用"Border"来指称我国边境地区实属语言文化传统使然；而运用"boundary"来指称边境地区亦属语言传统所致。

5.2.4 话语立场的强化和弱化

双方基于各自的国家利益提出不同的主张，其立场在谈判中经历了尖锐对峙、缓和及达成谅解的过程。印方多次使用"Border"指称、提及我国边境地区，强化了其企图制止我国合法修路的话语立场，而我方交替使用"Border"和"boundary"指称、提及边境地区，且次数明显少于印方，弱化了话语立场。可见，我国媒体偏向于构建积极的话语策略，而印度媒体倾向于批评话语策略，探讨我国媒体的话语策略势在必行。

6　话语策略

随着我国国际地位的迅速崛起，国际交流日益频繁，国际摩擦事件在所难免。中印边境对峙事件吸引了国际新闻媒介的浓厚兴趣，国际心怀叵测的媒体机构趁势兴风起浪，宣扬中国威胁论，印度媒体亦步亦趋，对我国媒体的新闻话语策略提出了严峻挑战，建构相应的话语策略迫在眉睫。为了更好地应对国际纷争，掌握与印度交往的主动权，结合本文的研究结果，我国主要新闻机构在产出话语时可以采用如下话语策略：（Wodak，2001；季丽珺，2013）

6.1 提名策略

提名策略是通过分类的方法将某个社会事件参与者归之于一群体。可使用自然化或中性化的隐喻，或者借代的修辞手法达到构建群体的目的。该策略旨在委婉表述中印边境问题，缓和中印利益冲突，如我国主流媒体可以使用借代的修辞手法，用"New

Delhi"（新德里）来指代印度，避免直接使用印度一词，以免给对方造成沉重的政治压力。

6.2　谓语指示策略

该策略是通过在谓语成分中使用有否定意义或者肯定意义的修饰语，如形容词、同位语、介词短语、关系从句、连词性从句、不定式从句和分词从句和短语，赋予社会行为和事件正负面或褒贬的含义。例如，将"Indian border troops obstructed Chinese border troops, who were conducting normal patrols in the Pangong Lake area..."改为"Indian border troops illegally obstructed Chinese border troops, who were conducting normal and legal patrols in the Pangong Lake area"，则能揭露印度军方的非法举动，强调我国在固有领土巡逻的合法性。

6.3　论证策略

该策略是指通过习惯用语和谬误分析来调整和质疑话语中对事实描述的正当性。《中国日报》在谈及印度抵制我国产品进口时，引用了一篇文章的说法："In the short term, the boycott is more harmful for India than China"。如果将该句话改为"In the short term, the boycott swims against the tide"，就能更为生动地质疑印方的抵制行为，更明确地说明印方的抵制行为是逆潮流而行的。

《印度新闻》在描述印度阻止我国合法修路行为的时候说："The stand-off in the Himalayan region began when India sent troops to stop China building a road in the remote, uninhabited territory of Border, claimed by both China and Bhutan."该陈述属于一种谬误分析，犯了矛盾前提（Contradictory Premises）的逻辑错误。该说法的谬误在于：因为边境地区无人居住且中印双方都主张所有权，所以我国对边境地区就没有所有权。而实际上该逻辑前提就是错误的。即使无人居住，印方也主张所有权，也改变不了边境隶属我国西藏自治区日喀则市亚东县，是我国固有领土的合法事实。如我国媒体进行类似的谬误分析，逐一驳斥印方的荒谬逻辑，则能增强话语说服力，更好地维护国家利益。

6.4　话语表征的视角化和框架化策略

该策略有助于话语创造者选择适合话语目标的视角，并构建适当的话语框架，融入自己的观点，点缀相应的话语表征，维护话语目标，彰显或隐藏话语意识形态，从而报道、描述、陈述或者转述社会事件，达到话语阐述的最终目标。我方时而使用"Border"（63 次），时而使用"boundary"（88 次）指称我国边境地区；而印方一直使用"Border"指称边界线（267 次）。我方对边境地区的交替指称不利于话语表征的视角化和框架化形成，反而给印方可乘之机，拿边境做文章，也给国际社会留下了我国立场不坚定的印象；印方坚持使用"Border"和我方的交替使用形成了鲜明对照，造成边境地区的视角错乱、框架凌乱，给印方造势提供了口舌，国际社会也潜移默化地淡化了我国对边境地区的合法权利，不利于我方维护国家利益。如果我方持之以恒地使用汉语拼音"boundary"来指称我国边界线，则能形成醒目的话语表征视角，框架化并强化我国对边境地区的合法权利，争取国际社会的支持，使印方混淆视听的企图功亏一篑。

6.5 强化或者弱化策略

话语论证效果的强化和弱化策略可通过话语表征和标记来实现，从而强化或弱化读者的话语印象，使读者对社会事件的认识得到加强或减弱，提高言后效力，促成话语目标。例如，《中国日报》仅仅107次提及不丹，而《印度新闻》216次提及了不丹，造成了新闻话语强度的不平衡，减弱了我方对印方企图的揭露。相反，如果我方对不丹的提及次数相当于或者多于印方的提及次数，则有利于我方强化话语目标，揭露印方企图卷入不丹的企图。另外，在提及中印边境对峙事件时，少用诸如"conflict""confrontation"等表达尖锐矛盾的词，多用"standoff"之类的词有利于弱化、缓解双方敌意。

名物化为一种语法化的语言形式，指在语篇中用名词来表征动词体现的过程和形容词体现的属性（Halliday，1994）。名物化能弱化乃至隐藏动作的施与者，淡化或隐匿动作施与者的权力、地位和意识形态，并将动作接受者的弱势地位和权力结构委婉抬高，起到将锐利的锋芒内敛化和将悬殊的地位含蓄化的作用。

《印度新闻》用"intrusion"指责中国外交部长王毅指控印度入侵了中国边境地区，并企图将不丹卷入纠纷中，声称不丹强烈抗议中方侵犯了其领土。《中国日报》洞穿了印度卷入不丹的企图，严正声明印方以不丹为借口入侵中国边境地区不但侵犯中国主权和领土完整，而且也挑战了不丹的主权和领土完整。"intrusion"具有强烈的感情色彩，双方均使用该词表明了对边境问题的坚决态度。但是，双方将"入侵"通过名物化用词"intrusion"表达出来，体现了双方试图弱化动作施与者，淡化入侵动作，缓和对峙局势的心理。另外，中方还使用"negotiate"一词表明了领土问题不可谈判，而印方也用该词表明其意识到中方的坚定立场。

7 结 论

该研究通过语料库辅助分析法和话语历史背景分析法，研究中印边境对峙事件中的新闻话语表征，探讨中印新闻话语的区别，研究隐藏于其中的意识形态和国家意志，制定我国对印度的话语策略，使我国在与印度的国际交流处于不败之地，占据主动地位，也有助于我国选择适当的话语策略，提升我国的国际地位。

有意义的是，该研究基于自建语料库，检索其中的重要词汇和短语，深入揭示了中印主流媒体话语的特点与不同，并进一步提出了五大话语策略：提名策略、谓语指示策略、论证策略、话语表征的视角化和框架化策略、强化或者弱化策略，为我国新闻机构提供了重要的话语策略参考。另外，该研究结合了批评话语与积极话语分析法，力求话语评价的综合性，避免话语分析的偏激，客观探讨了中印主流媒体的话语表征及相应策略。

不足之处在于语料库的局限性。中印边境对峙时间持续了 70 余日，可采集的相关新闻话语较为有限。虽然该研究选择了中印有代表性的权威媒体《中国日报》和《印度新闻》，也难免有疏漏的新闻话语。

未来的话语分析研究可以深入结合批评话语与积极话语分析法，挖掘话语背后隐藏的国家意志和意识形态，制定适合我国发展现状的话语策略，不断提升我国的大国地位，获得国际社会的理解，塑造我国良好的国际形象。

参考文献：

[1] Bloor T, Bloor M. [M]. London: Routledge,2004.

[2] Fowler R G. *Language in the News: Language and Ideology in the Press* [M]. London: Routledge,1991.

[3] Fairclough N. Discourse and Social Change [J]. *Contemporary Sociology*, 1993(22).

[4] Falrclough N. *Media Discourse* [M]. London: Edward Arnold,1995.

[5] Falrclough N, Wodak R. Critical discourse analysis [C]// Vandijk T. *Discourse as Social Interaction*. London: Sage,1997.

[6] Halliday M A K. *Introduction to Functional Grammar (2nd edition)* [M]. London: Edward Arnold,1994.

[7] Kuo S H., Nakamura.Translation or transformation: A case study of language and ideology in the Taiwanese press [J]. *Discourse & Society*, 2005,16(3): 393–417.

[8] Partington A S Corpora and discourse, a most congruous beast [C]//Partington A, Morley J, Haarman L. *Corpora and Discourse*. Bern: Peter Lang,2004:11–20 .

[9] Wodak R. *The discourse-historical approach. In Ruth Wodak & Michael Meyer (eds.). Methods of Critical Discourse Analysis* [M]. London: Sage Publications,2001:63–94.

[10] 常江 , 田浩 , 托伊恩·范·迪克 . 批判话语研究是一种政治立场——新闻、精英话语与意识形态 [J]. 新闻界 , 2018(5):4–10.

[11] 陈平 . 话语的结构与意义及话语分析的应用 [J]. 当代修辞学 ,2017(2):1–11.

[12] 洪岗 . 跨文化语用学研究中的对等问题 [J]. 外国语 ,2001(2): 42–48.

[13] 胡美馨 , 黄银菊 .《中国日报》和《纽约时报》态度资源运用对比研究——以美军在利比亚军事行动报道为例 [J]. 外语研究 ,2014 (4): 24–30.

[14] 胡壮麟 . 积极话语分析和批评话语分析的互补性 [J]. 当代外语研究 ,2012(7):3–8.

[15] 季丽珺 . 批判性话语分析的"话语—历史"方法——以《华盛顿邮报》的涉华气候报道为例 [J]. 长春工业大学学报 (社会科学版), 2013,25(4):120–122.

[16] 纪卫宁 , 辛斌 . 费尔克劳夫的批评话语分析思想论略 [J]. 外国语文 , 2009,25(6):21–25.

[17] 卢颖生 , 郭志鹃 . 媒介话语的意识形态建构——一个批判性的视角 [J]. 新闻爱好者 , 2009(8):10–11.

[18] 李兴明 , 刘万义 , 张婧宇 .影响中印关系的负面因素分析 [J]. 南方论刊 ,2019 (9): 31–33.

[19] 施旭 . 文化话语研究 : 探索中国的理论、方法与问题 [M]. 北京 : 北京大学出版社 ,2010.

[20] 王清 .《新闻联播》作为主流意识形态的话语表征 [J]. 中国报业 , 2013(22):75–76.

[21] 辛斌 . 语言、权力与意识形态 : 批评语言学 [J]. 现代外语 ,1996 (1):21–26.

[22] 辛斌 . 批评语言学 : 理论与应用 [M]. 上海 : 上海外语教育出版社 ,2005.

[23] 吴学琴 . 媒介话语的意识形态性及其建设 [J]. 马克思主义研究 , 2014 (1):116–123.

[24] 殷杰 . 从后勤角度详析中印边境自卫反击战我军的后撤 [J]. 坦克装甲车辆 ,2020 (10):60–65.

作者简介：

陈文涛，男，1980 年 3 月出生，吉林长春人，英语教学硕士，浙江越秀外国语学院副教授，主要研究方向为英语教学、翻译理论。

葡萄牙语语法研究

——以无主句和不确定主语为例[①]

◎于 梦

1 引 言

在葡萄牙语语法中，无主句是指没有主语的句子。无主句中使用的动词都是无人称动词，所表示的行为不能归属于任何主语。不确定主语则是指从动词的词尾变化无法确知或不想明确指出的主语（即实施动作的主体）。

语法家对于两者的看法历来不尽相同，有人认为无主句和不确定主语是两码事，然而，由于两者在概念和用法上的相似之处，某些权威语法著作也把不确定主语视作无主句的一部分，加之关联语法（如代词被动语态、缺位动词等）的定义模糊，多有干扰，无主句和不确定主语始终是葡萄牙语语法研究和教学的难点。王锁瑛、鲁宴宾老师编著的国内权威语法著作《葡萄牙语语法》在书中的多个模块阐述了无主句和不确定主语的概念并介绍了语法界现存的多种声音，但举例稍显不足，且有理解复杂化的趋势。蔡子宇先生编著的《简明葡萄牙语语法》在词法——动词部分和句法——谓语部分详细叙述了无主语句（即无主句）和不定人称形式（即不确定主语），为我们开启了审视两者的全新视角，但在具体归纳上仍有不少遗憾。浏览国内外众多权威语法书和教材，语法家对两者的描写或一笔带过，或"浅入深出"，而这两种结构在葡萄牙语书面语和口语中的广泛应用是不争的事实，相关语法和教学研究应该被提上日程。本文聚焦葡萄牙语语法，以无主句和不确定主语为例，通过整理国内外权威语法著作和教材关于两者的解释并对比分析，探讨其概念和用法，为关联性研究和葡萄牙语语法教学改革提供理论基础。

① 本文为浙江省高等教育学会 2020 年度高等教育研究课题"高校葡萄牙语语法教学改革与应用型人才培养（KT2020138）"研究成果之一。

2 无主句和不确定主语的剖析

2.1 国内外权威语法著作关于无主句和不确定主语的解释

2.1.1 原版葡萄牙语语法书对无主句和不确定主语的描述

（1）Celso Cunha 和 Lindley Cintra 的 *Nova Gramática do Português Contemporâneo*（《当代葡萄牙语新编语法》）。著作从句法层面入手对两者进行对比，先将主语进行分类，分为简单主语、复合主语、隐匿主语和不确定主语 (sujeito indeterminado)。其中，不确定主语主要有两种表现形式：①动词第三人称复数：*Dizem* que ele está aqui.（据说他现在在这。）②动词第三人称单数变位形式加代词 se：*Precisa-se* de um tradutor.（需要一位翻译。）

在此，著作将不确定主语和无主句 (oração sem sujeito) 进行区分，避免混淆。不确定主语的本质是主语存在，只是无法或不需要指明，但无主句的本质是主语不存在，因此无主句中的主语又被称为不存主语（sujeito inexistente）。譬如，不确定主语句 Reputavam-no o maior comilão da cidade.（人们认为他是这个城市里最唯利是图的人。）（Cunha and Cintra，2017：142）该句谓语是 reputar，动词为第三人称复数，虽然通过句意无法明确主语，但读者清楚谓语对应的主语是某些人或某个群体，因无需逐个指明而省略，这与主语不存在是截然不同的。有关无主句的用法主要有如下几种：

①表示自然现象的动词：Era março e ainda *fazia* frio.（都已经三月了，还是很冷。）

②动词 haver 表示"存在"意义：Na sala *havia* três quadros do pintor.（房间里有三幅画。）

③动词 haver, fazer 和 ir 表示过去的时间：Morava no Rio *havia* muito anos, desligado das coisas de Minas.（住在里约多年，已经和米纳斯州的种种渐行渐远了。）

④动词 ser 表示时间：*Era* inverno na certa no alto sertão.（在某些偏远地区已经是冬天了。）

（2）Napoleão Mendes de Almeida 的 *Gramática Metódica da Língua Portuguesa*（《葡萄牙语系统语法》）。本书从动词入手，根据多种角度将动词分类，如根据谓语完整性将动词分为不及物动词、及物动词和联系动词。亦可根据语态将动词划分为主动语态动词、被动语态动词、反身动词和联系动词。而关于无主句的描述，则在缺位动词（verbos defectivos）一章解释得较为详细。此章中，根据有无主语行使动作，语法家将动词分为有人称动词和无人称动词 (verbos impessoais)，无人称动词又分为本质无人称动词（impessoais essenciais）（笔者译，下同）和非本质无人称动词 (impessoais acidentais)（笔者译，下同）。本质无人称动词是指该动词从本义和习惯用法上讲，原本就不搭配任何主语使用，诸如表示无生命的自然和天气现象的动词：

① *Chove* hoje.（今天下雨。）

② *Anoitecia* quando ele chegou.（他到的时候，天黑了。）

③ Ontem *trovejou*.（昨天打雷了。）（Almeida，2009：284）

非本质无人称动词是指该动词在其本意和习惯用法下，一般会搭配相应的主语，但在某些情况下，"偶然地，非本质地"（acidentalmente）化身无人称动词。作者进一步将非本质无人称动词细分为主动非本质无人称动词（impessoais acidentais ativos）（笔者译，下同）和被动非本质无人称动词（impessoais acidentais passivos）（笔者译，下同）。主动非本质无人称动词是指主语未说明且无需说明的主动语态动词，包括以第三人称复数出现的动词：*Dizem* que ele é bom.（据说他人不错。）此外，主动非本质无人称动词还有仅以第三人称单数形式出现的 haver、ser、estar、fazer 等。被动非本质无人称动词是指不及物动词、间接及物动词及某些直接及物动词仅以第三人称单数形式出现，和被动代词 se 一起构成无主句的情况，如：

① *Precisa-se* de um datiló grafo.（需要一名打字员。）

② *Premiava-se* aos vencedores.（奖励胜利者。）

这里需要特别指出，当无主句以动词第三人称单数变位形式出现时，伴随出现的其他动词也必须采取第三人称单数变位形式，如 *Deve* haver homens na sala.（房间里应该有人。）（Almeida，2009：286）

著作并未单独讲解不确定主语，仅在前章讲解"代词 se"的用法时提及近似的概念。其认为，代词 se 具有无主性（impessoalidade），可与不及物动词、间接及物动词、直接及物动词或联系动词（ser、estar）的第三人称单数变位形式连用，表示无主语或主语不确定的概念：

①不及物动词：Quanto mais *se sobe*, mais *se desce*.（爬得越高，摔得越重。）

②间接及物动词：*Precisa-se* de costureiras.（需要一些女裁缝。）

③直接及物动词：*Louva-se* aos juí zes.（他们称赞法官们。）

④联系动词：*Está-se* bem aqui.（这里一切都好。）（Almeida，2009：218–223）

2.1.2 国内葡萄牙语语法著作对无主句和不确定主语的描述

（1）王锁瑛、鲁宴宾编著的《葡萄牙语语法》。该书在词法——动词模块详细讲解了无人称动词和无人称句（即无主句）。在此，动词被分为不及物动词、及物动词、联系动词、有代动词和无人称动词（verbo impessoal）。根据句中有无主语来行使动作，将动词分为有人称动词和无人称动词，由无人称动词构成的语句就是无人称句（oração impessoal）。葡语中的无主句可大致归纳为以下五种：

①由表示自然现象的动词构成：Hoje *amanheceu* cedo.（今天天亮得早。）

②由表达时间、存在或描述气候的动词构成（如 fazer、haver、estar、ser）：*Está* muito frio!（好冷啊！）

③由某些表达需要，适度和感觉的动词构成且与前置词连用：*Chega de lamúrias!*（别再哭哭啼啼的！）

④由动词第三人称复数构成：*Dizem* que aquele banco faliu.（据说那家银行倒闭了。）

⑤由不及物动词和特定条件下的及物动词加代词 se 构成：Aqui *se come* bem.（这吃得不错。）/Aqui *se respeita* aos velhos.（这里的人尊敬老人。）

大多数情况下，无主句只使用无人称动词的第三人称单数形式。其中的最后两种结构在语法概念上与不确定主语有交叉，有的语法家把它们列为不确定主语。（王锁瑛、鲁宴宾，1999：259-262) 至于不确定主语，作者则在句法的结构——主语部分给出了明确的阐释。该部分将主语分为语法主语和逻辑主语、简单主语和复合主语、不定主语（即不确定主语）和隐匿主语、施动主语和受动主语以及不存主语（sujeito inexistente）。其中，不定主语是没有或者不想明确指出的主语，主要表现为动词第三人称复数（例同无主句）和动词第三人称单数加 se 两种结构（例同无主句）。（王锁瑛、鲁宴宾，1999：437)

（2）李飞编译的《葡萄牙语语法大全》。比较《葡萄牙语语法》一书，《葡萄牙语语法大全》在某些方面更详细、更全面。该书首次提及主语不确定（sujeito indeterminado）和无主句 (oração sem sujeito) 是在"简单主语和复合主语"部分，将主语不确定的概念定义为无法从动词词尾变化、不知道或没有必要知道是谁实施动作的情况。在这里，主语不确定有三种表现形式：

①使用动词第一和第三人称复数：*Devemos* amar o próximo como a nós mesmos.（要爱人如己。）/*Chamavam*-no o maior comilão da aldeia.（都说他是村里最唯利是图的人。）

②动词第三人称单数形式与代词 se 连用：Ainda *se vive* bem em Macau.（在澳门生活得不错。）

③上述两种形式的联合使用：Ao velar o defunto, *fumavam* em silêncio, e *falava-se* baixo para não lhe perturbarem o descanso.（守灵时，人们安静地抽着烟，低声说话，以免打扰他的休息。）

无主句的定义是不存在主语（即无实施动作的人），无主句所用的动词都是无人称动词且始终是以单数第三人称的形式出现。（李飞，2010：134) 作者认为，无人称动词主要有表示自然现象的动词（如 amanhecer, nevar 等）、表示"存在"意义的动词 haver、表示时间的动词（如 haver、fazer、ir、ser 等）、部分动词短语（如 deve fazer, podia haver 等）以及巴葡和非葡中常用的表示"存在"意义的动词 ter。与此同时，作者特别强调不能将无主句和不确定主语混为一谈，无人称句是没有主语，而不确定主语只是主语不确定而已。（李飞，2010：134)

该书再次提及两者则是在词法——缺位动词部分，此处将动词分为规则动词、不规则动词、缺位动词和多形动词。缺位动词是指某些动词没有完整的动词变位形式，换句话说，它们缺少某些语式、时态和人称，而语法家习惯把单一人称动词，尤其是无人称动词纳入缺位动词范畴。（李飞，2010：321）此处，将首次未提及的表示自然现象的动词 estar、作命令式使用的短语 bastar de、chegar de 及表示时间的动词 passar de 加入无人称动词范畴。

（3）蔡子宇编著的《简明葡萄牙语语法》。比较前两部著作，《简明葡萄牙语语法》篇幅较短，但仍有其独到之处。该书对动词的分类更为集中和细致。根据动词作谓语时的变位情况，将动词分为规则动词、不规则动词、缺位动词和无人称动词（verbos impessoais），并由此引出无主语句（即无主句）。该书将无主语句定义为语法上没有主语也不可能有主语的句子。（蔡子宇，1998：77）与其他语法著作不同的是，作者从"葡萄牙语无人称句（无主语句或无主句）谓语的表达方式"入手审视无主句，这为我们提供了一个全新的、清晰的视角，在其看来，无主句的谓语有以下表达方式：

①第三人称单数各时态的无人称动词（如表示自然现象的动词）。

②某些不及物动词的第三人称单数形式（如 prurir、cheirar 等）。

③动词 haver（表示存在和时间）、ser（单独使用 é pena、é justo 等）、estar（表示气候和时间）、fazer（表示天气和时间）的第三人称单数形式与某些此类连用。

④许多人称动词用于无人称结构（如 parecer, poder 等）。

⑤不及物动词第三人称单数形式与 se 连用。

⑥某些自复动词的第三人称单数和复数用于无人称结构。

有关不确定主语的讲解，则紧跟在无人称谓语的表达方式之后，作者使用的词条是"动词的不定人称形式"，即不确定主语。它的两种表达方式如下：

①动词的第三人称复数：Deixaram-no passar.（人家让他通过了。）

②动词有人称不定式的第三人称复数：Calei-me por não me acreditarem.（我沉默不语因为人们不相信我。）（蔡子宇，1998：81）

2.1.3　权威教材关于无主句和不确定主语的解释

叶志良编著的《大学葡萄牙语》系列教材第一册、第二册。该教材是现行国内高校葡萄牙语教学中使用最广泛的教材之一，编者分别在第一、第二册就无人称动词和不确定主语进行了阐释。

《大学葡萄牙语1》第九单元首次引入无人称动词（以动词 haver 为例）的概念，按照动词在使用时有无主语将动词分为有人称动词和无人称动词（verbo impessoal），并指出无人称动词的分类。教材再次提及无人称动词是在第十三单元，以无人称动词 parecer 为例，该词汇在表达"似乎、好像"的含义时是无人称动词，且只使用其第三人称单数形式，一般与连接词 que 连用，形成 parece que 连接从句的结构。（叶志良，2010a：230）此外，本单元在语用交际环节再次使用无人称动词 fazer 和 estar 进行天气的表达，教材在此未进行详细的解释说明，但教师往往会在授课时对无人称动词及其构成的无主句进行简单的讲解，达到扩充无人称动词和无主句的语法内容、便于学生理解的目的。

不确定主语的概念则在《大学葡萄牙语2》第六单元正式引入，并同语法点"代词被动语态"一起出现，且占用较大篇幅对两个语法点进行了对比。教材认为，由于说话者不知道、不愿意指明抑或认为主语无关紧要，因此未指明动词的主语，从而造成句子没有主语的现象就是不确定主语（sujeito indeterminado）。不确定主语的表现形式有两种：

①动词的第三人称复数变位形式：Não te preocupes. *Vão* resolver o problema.（你别担心，问题会解决的。）

②动词的第三人称单数变位形式加上人称代词 se：*Diz-se* que o português é difícil.（据说葡萄牙语挺难的。）

2.2 无主句和不确定主语的对比分析

通过整合国内外各类语法著作及权威教材对无主句和不确定主语的解释，大致可以归纳为两种声音。

第一种是泾渭分明，将两者进行严格的区分。从概念上看，无主句代表主语不存在，即无实施动作的人，这跟不确定主语是截然不同的，从字面意思可断，不确定主语是动词没有特定的主语，无法从动词词尾变化、不知道或没有必要知道是谁实施动作，但不代表没有实施动作的主体。从用法上看，无主句通常由无人称动词主导且多数情况下，只使用第三人称单数形式。常用的无人称动词及其用法如下：

（1）表示自然现象的动词（如 amanhecer、nevar 等）。

（2）表达"存在，发生""（某处）有"概念的动词 haver。

（3）表达时间概念的动词（如 fazer、ir、ser 等）。

（4）部分动词短语连用（如 deve fazer、podia haver 等）。

（5）用作命令式的短语 bastar de、chegar de 等。

（6）在巴葡和非葡中表达"存在"概念的动词 ter。

相比之下，不确定主语的表现形式较少，第一种由动词的第一和第三人称复数构成，第二种由不及物动词、间接及物动词、直接及物动词或联系动词与代词 se 连用构成，第三种为上述两种形式的联合使用。

第一种声音则认为两者有明显的交叉，尤其体现在用法上，且在一定程度上有包含与被包含的关系。从概念上看，可以根据句中有无主语行使动作将动词分为有人称动词和无人称动词，由无人称动词构成的语句就是无主句。另外，还可从缺位动词入手理解无主句。不确定主语则是指没有或者不想明确指出的主语，又称不定主语或泛指主语。从用法上看，无主句除了包括上述提及的几种用法之外，还包括使用动词第三人称复数和不及物动词、间接及物动词及特定条件下的直接及物动词加代词 se 构成无主句的情况，这两种情况也是不确定主语的用法，即在该条件下，两者没有本质的区别。

2.3 无主句和不确定主语的关联性研究

外语教学中，语法教学是关键的一环，对于葡萄牙语也不例外。然而，实践教学经验告诉我们，葡萄牙语语法教学还存在着许多明显的问题，如王霄（2017）指出的传统显性语法教学导致的语法教学与实际运用的背离、葡萄牙语专业规模的迅速扩张伴随出现的教学资源短缺（优秀师资和配套教材）等。具体到无主句和不确定主语的语法教学，笔者注意到，备课和查阅资料的时候，两个语法点经常分散开来且模糊不清；由于课时所限，语法点讲解不透彻，难以进行深入剖析，加之配套练习少而实际运用较为灵活和多样，常常有理论和实践脱节的现象。此外，授课后学生经常反复询问，分辨不清两者的关系且容易和其他语法点混淆。鉴于目前遇到的实际问题，结合对葡萄牙语权威语法书和教材的整理分析，笔者总结出一些在今后的研究和教学中值得深入的方向。

2.3.1　词法关联性研究

（1）代词被动语态。除了和无主句的概念有交叉之外，不确定主语因其含义和构成方式，还易与代词被动语态的概念混淆。其中，动词第三人称单数加代词 se 的结构给历代学习者带来了不少困扰。王锁瑛、鲁宴宾（1999）认为，凡是可以转化为代词被动语态或助动词被动语态的，都应归为被动语态句，而仅当句子表达的意义与被动句不同且宾语是人的情况下才是不确定主语，如 *Diz-se que aquele banco faliu* 是被动语态句，而 *Aqui se respeita* aos velhos 是不确定主语句。再如，系列教材《大学葡萄牙语》中，编者在相继阐述无人称动词和不确定主语的概念之后，并未对两者进行对比，而是将目光锁定在不确定主语和代词被动语态的区别上。教材对此给出了判断依据，认为不确定主语和代词被动语态还是有区别的，我们可以通过句中动词的单复数和动词的属性（及物或不及物）进行判断，而对于动词都是及物动词且为第三人称单数的情况，则认为它们既可以是不确定主语，也可以是代词被动语态，逻辑上两者均解释得通，不必太拘泥于其语法归属。（叶志良，2010b：152）如：*Construiu-se* um novo complexo desportivo na escola.（学校里建了一座新的体育馆。）

（2）代词 se。如果在葡萄牙语中有一处令人感到费解和棘手的语法，而且一不小心就会让人经常性地犯错误，那就是代词 se。（Almeida，2009：214）代词 se 历来是葡萄牙语语法教学的重难点，它在语句中的功能多样、使用灵活，并且很难被定义在某种具体的词法之中，因而在不同的语法著作中，它经常被"孤立"出来或从属于某个语法点进行"渗透"。我们今天探讨的无主句和不确定主语就涉及代词 se，上述关联词法——代词被动语态更是有赖代词 se 的密切配合。代词被动语态属于动词的三种语态之一，笔者认为，跳出语态的框架，我们亦可以从代词 se 的功能出发，进一步探讨有代动词的用法，从而反观无主句和不确定主语句中代词 se 的含义。如 Almeida（2009）曾对代词 se 的功用进行系统、清晰的分类，认为其可以表达有代动词的反身意义、相互意义、被动意义和无主性意义，而无主句和不确定主语的无主性就寓于其中。总之，无论从无主句和不确定主语看代词 se 的用法，还是通过代词 se 的用法反观无主句和不确定主语，都有助于我们更加深入地认识和探讨语法。

（3）缺位动词。有少数动词不使用全部而只使用某些人称、数和时态，称为缺位动词。（蔡子宇，1998：76）语法家习惯把单一人称动词，尤其是无人称动词纳入缺位动词范畴，并据此进行无人称动词及无主句的探讨。缺位动词在葡萄牙语法中是一个难点，但历来未引起足够的重视，教材中涉及该语法点的讲解更是寥寥无几，这是值得思考的方向。例如，从缺位动词的分类入手，分析无人称缺位动词（表示自然现象的动词等）、单一人称缺位动词（表示动物叫声或植物生命的动词等）及有人称缺位动词（banir、falir 等），从而总结无主句的概念和用法，并同不确定主语进行对比分析。

2.3.2 句法关联性研究

（1）葡萄牙语句法研究。葡萄牙语中，句子的主要成分是主语和谓语，而无主句恰恰是没有主语的句子。这里需要强调的是，没有主语是不存在主语，即不存主语（sujeito inexistente），因为这些句子的中心思想或基本概念就在于谓语本身。（王锁瑛、鲁宴宾，1999：438）而不确定主语则是主语的另一种分类，其明确的定义是"没有或者不想明确指出的主语"，通常同隐匿主语在一起进行对比。就主语（行为主体）来讲，无主句没有也不可能有，不确定主语则无法忽略不明确却存在的行为主体。就谓语来讲，无主句更强调谓语的表达，其表达方式较比不确定主语丰富得多。笔者认为，从葡萄牙语中句子的主要成分——主语和谓语的角度入手，有助于更好地找到梳理两者关系的切入点，从而探讨无主句和不确定的概念和语义特征及教学策略。

（2）汉葡句法结构对比研究。从 21 世纪初至今，汉葡语言对比研究相比其他对比语言学研究显得相对滞后，尤其是句法结构对比研究几乎还处于空白。（夏莹，2014：1）实际上，汉语和葡语分属汉藏和印欧两种完全不同的语言体系，各自有着独特的语言结构形态特征，对比起来并不容易。然而，无主句和不确定主语并非葡萄牙语语法特有的现象，汉语语法界一般都认为汉语中存在无主句（张会森，2001：34）和省略主语的不完全主谓句。我们可以将汉葡无主句和不确定主语（隐含或省略主语的不完全主谓句）的概念、结构、分类和用法进行横向和纵向对比分析，总结其形态、语义特征等方面的异同并寻找原因，如汉语和葡语对无主句用法的描述就大相径庭，现代汉语中，无主句除了可以用于叙述天气等自然现象外，还可以用来表示祝愿、用于某些格言和谚语或用在包含"是"或"有"字的无主句中等，（刘月华等，1983：541-542）其中某些用法无疑与汉语特殊的句法结构密不可分。这与葡萄牙语语法中对无主句的定义有何差异？它们的用法有无相互借鉴和参考意义？进行汉葡句法结构对比分析有助于梳理出更多有效的翻译途径和教学策略，从而为葡萄牙语语法教学、中葡翻译教学及对外汉语教学等提供便利。

3 结 语

综上所述，无主句和不确定主语不仅在概念和用法上有许多值得推敲之处，其丰富的语义内涵、文化渊源、关联性研究、教学策略等也应该引起足够的重视，为葡萄牙语语法研究和教学改革提供更多参考。因此，无论作为葡萄牙语语法本身的理论研究需要，还是高校葡萄牙语蒸蒸日上的教学需求，都应加大对葡萄牙语语法的探讨力度，不断夯实教学理论基础，为提高专业教师的专业素养和教学信心添砖加瓦，而无主句和不确定主语作为难啃的一块骨头，虽然为研究增添了些许障碍和难度，但也为研究者提供了无数可能性和持续研究的动力。

参考文献：

[1] Almeida N M. *Gramática Metódica da Língua Portuguesa*[M]. São Paulo: Saraiva. S.A., 2009.

[2] Cunha C, Cintra L *Nova Gramática do Português Contemporâneo*[M]. Rio de Janeiro: Lexikon, 2017.

[3] 蔡子宇 . 简明葡萄牙语语法 [M]. 北京 : 商务印书馆 , 1998.

[4] 李飞 . 葡萄牙语语法大全 [M]. 北京 : 外语教学与研究出版社 , 2010.

[5] 刘月华，潘文娱，故韡 . 实用现代汉语语法 [M]. 北京 : 外语教学与研究出版社 , 1983.

[6] 王锁瑛，鲁宴宾 . 葡萄牙语语法 [M]. 上海 : 上海外语教育出版社 , 1999.

[7] 王霄 . 葡萄牙语基础阶段语法教学方法初探 [J]. 重庆电子工程职业学院学报 , 2017, 26(4): 137–139.

[8] 夏莹 . 汉葡句法结构对比研究 [M]. 上海 : 上海外语教育出版社 , 2014.

[9] 叶志良 . 大学葡萄牙语 1[M]. 北京 : 外语教学与研究出版社 , 2010a.

[10] 叶志良 . 大学葡萄牙语 2[M]. 北京 : 外语教学与研究出版社 , 2010b.

[11] 张会森 . 俄汉语中的"无主语句"问题 [J]. 外语学刊 , 2001(3): 34–41.

作者简介：

于梦，女，1992 年 5 月生，黑龙江牡丹江人，文学硕士，浙江越秀外国语学院西方语言学院助教，主要从事葡汉语言学、葡汉翻译研究。

关联理论认知语境观及其对隐喻理解的影响研究[①]

◎王昆芳

1. 引 言

隐喻有助于人们有效获得知识以及互相交流，也有助于人们了解语言的本质。在早期的研究中，隐喻只用来修饰话语，渐渐地，对隐喻的研究上升到了句子层面，后来隐喻包含到了认知语言学的研究范畴中，语言学者们开始对隐喻的认知本质进行研究。隐喻其实是人们的一种重要思维方式，只是通过语言表现出来，更是一种跨越不同领域的认知表达。（束定芳，2000）。关联理论语境观对隐喻的解释和理解至关重要，它给人们提供了新的视域。隐喻的本质，在于它用具体的事物来代替比较抽象的概念。当然，这两个概念之间必须有互相的关联，它是客观事物在人们认知世界的相似性联想。由于人类认知能力具有共同性，他们对同一事物一般会有相似的联想。（徐章宏，2007）隐喻是用一种事物的描写来说明另一种相关联事物的思维以及认知模式，交际双方认知区域之间的相似性的语义基础，便是本体和喻体，而这种相似性并不是跟随语言本身的，而是在认知语境背景下创建的。为了正确理解隐喻，需要认真分析认知语境的因素，以便获取最佳关联，直到顺利完成理解。

隐喻经常以词、词组或者句子的形式大量地存在，有时也会以篇章的形式出现。由于隐喻本身具有的内在关联，越来越多的学者着手以关联理论的框架研究隐喻，并且从"认知语境"这个概念入手，找到了很多相关的最佳关联，最终得以正确解析话语中的隐喻。很多研究者通过关联理论认知语境来分析隐喻的真正含义，进而探讨含义的推理过程以及对理解的影响。本文试着沿"认知语境"这一关联理论下的重要概念，结合此理论的一些特点，探究它在隐喻中的语用理解。

2 关联理论的认知语境观

福多 (Fodor) 等的模块理论（Module Theory）、莱考夫 (Lakoff) 等的表征理论

① 绍兴市哲学社会科学研究"十三五"规划 2017 年度重点课题：基于关联理论的大学英语阅读教学研究（项目编号 135240）

（Representation Theory）以及斯佩伯、威尔逊 (Sperber，Wilson) 的关联理论，构成了认知语境的主要理论基础。而 Sperber 和 Wilson (1986) 所提出的"关联—交际和认知理论"，是建立在 Fodor 理论的基础上的，它加入了认知语境这一概念。认知框架下的语境研究更关注语境的基本单位、结构、功能和规律的研究，最终开创了语境研究的全新之路；反过来，从语言意义研究上来讲，语境研究也为它输入了新的活力。基于关联理论，人们从认知的角度对语境以及语境的特征进行探索，也为话语意思的构建、隐喻的语用研究导入了新的视角。

关联理论其实是一种认知理论，而这种理论的关键就是语境。在关联理论框架下，认知语境以"认知环境"这个概念出现，并且具有最初的解释，"一个人可以感知或者推断出的事实集合，就是他的认知环境，此认知环境是这个人所存在的物质环境和他的认知能力两者的叠加"（Sperber and Wilson，1995），定义中重点提到"感知"和"推断"，体现了认知的特点。关联理论下，交际者用概念表象的形式存留在大脑中，对世界进行假设，从而形成认知语境，来处理新的信息。学者熊学亮 (1999) 认为，认知环境、话语的关联性和语境效果有着直接的关系，处理话语最佳语境的过程也是寻求话语最佳关联的过程。人类对外部世界的结构化形成了知识的结构，当他们在某个情景或者频繁使用某个语言特征时，或能在其大脑中结构化，最后形成大脑中的各类关系。而当有人说到某个情景，他就会想到在这个情景下应该使用什么语言，当提到某种语言的表达，之前的情景马山又会出现在他的脑海，这就是大脑中的认知语境，它是语用因素的结构化、认知化之后产生的结果。熊学亮 (1999) 还进一步指出，认知语境其实是一种知识结构的状态，是人类把使用语言的相关知识概念化或者图示化了。关联理论框架下，人们的认知语境是他选取的固定知识的集合，这种选取涉及推理，又通过固定知识形式的命题式，并且受到推理演绎的制约。而命题式则由更微小的成分所组成，这些成分就叫概念，因此固定知识是由概念构成的、结构性的组合。这些概念就像记忆库中的标签或者地址，它的下面有各种各样可以被选取的信息，而这些信息则形成了关联理论的认知语境。具体来说，关联理论的认知语境具有以下特点：

2.1 动态性

根据关联理论，语用交际中的关联是常项，而语境是变项。从字面可以看到语境的基本特点：动态性。关联理论框架下，人们言语交际的过程中，通过演绎过程的记忆库，把刚得到的信息和已存在大脑中的旧信息互相结合，新的信息通过交际者的认知，激活了原来存在他头脑中的相关语境知识，为了交流的顺畅，产生动态的认知语境以供选择。对话语理解所需要的有关知识和经历是不一样的，所以构成的语境知识也不一样；而每一次交际中所构建的认知语境，之后又会留存在演绎过程的记忆库，构成一个当时的语境，接下来新输入的信息又能在其中得到演化；新旧信息交互作用，产生新的认知语境，它们不断交替和循环，认知语境也在这个过程中不断地更新、补充和扩大，整个过程完全地体现了认知语境的动态性。

例如：

（1）Mark: I'm exhausted.

Alice: I'll cook the dinner.

可以看出，Alice 的回答肯定是关联话语，但是假如依靠 Mark 所给的信息，也无法解释 Alice 回答的关联性。也就是说，Alice 想要理解 Mark 的话，光用 Mark 的信息来做语境是不可行的，还应该包含 Mark 这句话所暗示的前提。

a. Mark hopes Alice will cook the dinner.

要找到 Mark 话语的语境，刚才 Alice 回答的语境意思是：

b. Alice will do the thing Mark hopes her to.

如果 Mark 和 Alice 的对话是以下的：

（2）Mark：I'm exhausted.

Alice: The soup is ready. I'll make the main dish.

在此情景下，要找到 Alice 说话的关联性理解整句话，那么 Mark 使用的语境就需要包括以下隐含的前提：

The dinner is usually composed of a main dish and soup.

我们再把以上前提加到此语境中，就能够推断出 Alice 所讲的语境含义应该是：

Alice will cook the dinner.

所以，Sperber 和 Wilson（1995）认为，要理解话语中的语境，人们不仅需要理解文中所表达和隐示的信息，也需要了解当时的情景，还包括和此情景有关的旧信息和新信息的所有相关知识。Alice 把 Mark 的话"I'm exhausted."理解成"今晚我想让你做晚餐"。她没有理解成"我们去外面吃晚餐吧"，也没有理解成"今晚我想放松一下，找几个朋友来喝茶吧"等，因为 Alice 依赖当时的情景对这种动态的语境进行了选取。依据 Mark 的这句话，Alice 在自己的认知语境世界中及时进行判断和选择，把新的有用的信息传递给对方，她迅速把她会做饭的新信息和存在于 Mark 头脑中的旧信息结合起来，获得新的判断，他们的语言交际因此而顺利进行。对信息进行处理时，使用者往往有多种选择的假设来构成他们的认知语境，但也不能随意做出这种选择，他们知识记忆的结构、心智活动都约束了这种选择。听话者对每一句话都可以假设出很多种，此时和语境的关系就是选择的重点，如上文所说，关联是不变的、已知的，语境才是变动的、未知的，而关联又是语境选择的核心。

2.2 完形性

传统语境一般处于零散的状态，而动态语境具有明显的完形性；传统语境的研究模式：语境被分为很多因素，这一系列因素构成了语境，然后分别研究它们的功能。但是动态语境的研究模式是不一样的，它视语境为一个整体，其中的各个因素互相关联并且作用于对方。因为存在这种完形性，各种不同信息的输入，在特定的情景下，能够激活一个动态语境的框架，而这个动态语境是人们记忆信息的合成，是一张紧密交织的信息网，这种认知语境观是以整体为特色的，它完全符合哲学科学所包含的认知论的整体主义，它密切联系语言和现实的世界，在理解句子的意思时，往往从多维的语境因素和互相关联中寻找。

关于动态语境的完形性，这不仅是它明显的特征，同时也保证了意思构建和解释，比如：

（3）Mary: Is the book you bought last time very good?

Helen: Wonderful, and the ending is quite impressive.

Mary: Can I borrow it please?

Helen: Of course , you may get it.

在这样简短的对话中，认知语境的完形性以及动态性一目了然：一开始 Mary 的话激活了 Helen 曾经买书的经历，"last time" 和 "the book" 激活了 Helen 头脑中的信息，使她选取了 Mary 与 Helen 都知道的某一次买书的经历，使 Helen 从无数的买书经历中快速地选择了这一次，而且也确定指的是"那本书"，此时话语的动态语境有了快速的建构。"Wonderful" 提示了 Helen 已经看过那本书了，Mary 试着假设 Helen 已经看过那本书，基于此假设，Helen 的读书经历 (假如她已读过那本书) 被激活了，所以她做出了相应的回答 "Wonderful"，同时也使 Mary 的假设得以证实，为接下来的对话做好铺垫。接着 "and the ending is quite impressive" 进一步肯定了 Mary 的假设，也就是她的确已看完了这本书，并且作了评价。在这段对话中，Mary 和 Helen 通过输入 "last time" 这个信息，"the book" 激活了她俩脑海中的信息，还有预设的手段，一起构成了对话理解所需的动态语境，在结束时，"Helen has read the book" 和 "very good" 作为被推断出的新的定论，被输入到下一轮的对话的动态语境中，而且继续存留在演绎设施的记忆体中，构建了接下去一轮动态语境的基础。而我们已经看到，Mary 就是在此基础上，开始构建她下一轮话语所需要的动态语境。"Can" 是提出请求，Mary 在已经推断出的定识 "Helen has read the book" 这个基础上提出了她的请求，"borrow" 激活了关于借书的一系列知识结构，包括"这本书有没有"，"Helen 是否能借"，"可以借多长时间"等等，但基于 Mary 与 Helen 之间的关系，前面两项一定是被选取的语境信息，而前一轮会话中已经构建的认知语境的信息，为此轮会话所需要的认知语境的构建奠定了基础，从而使 Mary 与 Helen 顺利地把它延续到新的认知语境，最后成功完成第二轮的对话。

2.3 文化特定性

国家和地域不同，人们对语言、文化和环境的认知，对自然规律的认知，直至认知语境都会大不一样。人类是具有强大的社交性的高级动物，他们在不断进化、发展的过程中积累了大量的认知经验和意识习惯，所有这些都有着强烈的文化特定性。在人们的语言交际过程中，这种文化的特性也时时影响着人们对交际意义的正确理解。在不同文化的交际过程中，交际双方因为文化背景不同，同一语境中，对相同的话语可能会产生完全不同的理解，最终会导致各自不一样的语境效果。比如：一对中国姐妹在英国游玩，当地的居民看着姐妹俩很漂亮，赞不绝口："Oh, you are so pretty!"此时其中的姐妹谦虚地回答："Oh no, you are kidding, we are not pretty at all"，这会使在场的人感到非常尴尬。这位中国女孩，她就是从中国式的传统认知语境为出发点，用谦虚的方式进行交际，而英国人有着自己的认知语境，他们难以理解女孩的回答，因为他们在得到别人的夸赞时，往往开心接受，愉悦交流。所以，文化背景不一样，人们交流的方式也大相径庭。再如，莎翁有一首十四行诗，闻名于世，其中的开头："Shall I compare thee to a summer's day? Thou are more lovely and more temperate."很多中国人在读这首诗时，可能难以理解，为什么莎士比亚要把夏天和"lovely""temperate"关联在一起，在我们中国的文化和认知里，很多人讨厌夏天，酷暑难忍，蚊蝇乱飞。但是如果稍微了解一下英国的气候就可以理解，英国经常多雨潮湿，夏天对人们来说，绝对是天堂了。

3 认知语境对隐喻理解的影响

3.1 认知语境对隐喻理解的解释力和制约力

认知语境能调节交际双方的言语行为，约束语言的表达与理解。要理解隐喻，必须了解人的思维活动，因为它们是紧密相关、互相作用的。同样一个隐喻，听话人不同，理解会完全不一样。那是因为不同的语言使用者对世界的认知标准不一样，他们有不同的知识经验、不同的年龄；再者，人们拥有的知识体系也不一样，对隐喻的反应当然也不一样。

我们知道，隐喻的基础是事物之间的相似性，这也是必备条件。词的隐喻义一开始都是立意新颖、栩栩如生的，就像理查兹博士（1936）说过的："隐喻意思的称呼和描写是被嫁接到另一个和本体不同的称呼和描写之上的。出现在隐喻中的喻体以及隐去的本体，有着相似之处，相同的适应性，这也是语言中通常存在的原则。"

但是，隐喻不是机械地描述人们所看到的相似性，其实它还能预示着新的相似。所有隐喻都包含两个因素：相似性与相异性，二者相互依存。没有相似性，不能称之隐喻，没有相异性，隐喻就变成一般的类比了。正因为隐喻同时拥有相似性和相异性，它不仅能表达事物间的相似性，也可以暗示甚至引出新的相似性。隐喻中，形成意象的本体不出现，而是和喻体合并在一起。比如，Dryden 在提到莎士比亚时说："He needed not the spectacles of books to read nature."这句话的意思是：莎士比亚不像透过眼镜读书的人那样，他并不借助书籍来看待社会、自然和人情。Dryden 利用隐喻，将很长的明喻表达缩减了。

当然，理解隐喻的关键条件是交际双方共同拥有的认知环境，他们共享的认知环境构成了理解隐喻的基础，也构成了理解话语的基础。此时，说话者和听话者是否成功交际的切入点和他们共处的认知环境质量、双方关系成正比：共处的认知环境越大，相互显现的可能性就越大，双方就可以更加一致地理解隐喻。

比如：

（4）The sky is crying.

要理解句中的隐喻，听话人需要确定"sky"这个词指的是自然界的天空呢，还是其他有所隐含。"sky"的喻义也可以是西方人的蓝眼睛，湛蓝的就像天空一样。清楚双方的认知语境是隐喻的大前提，认知语境不同，对隐喻的理解会大相径庭。有了共有的认知语境，交际双方才能够快速并且准确地理解隐喻的含义。

3.2 认知语境和隐喻的整合分析模式

在关联理论的认知语境分析框架下，尤其是在特定的语境条件下，可以更有力地解释对隐喻的理解。认知语境对理解隐喻和长久记忆中的概念有关，相邻概念之间的扩展会激活对隐喻的理解，给意思的多样性提供了可供选择的基础，也延伸了寻找关联的途径；在对话语和词汇的理解中，关联理论提供了总的关联原则，在此原则下，听话者在解释语言的交际意思时，首先要以语境条件为基础进行意思的选择、建构和调整，确定概念之间的相邻关系，然后通过隐喻来推断特定的概念，从而获取隐喻的认知效果。在整个过程中，关联、语境假设与认知效果有效地相结合，构成了在特定语境下，解读隐喻的一个认知过程。

在此整合分析模式下，前提当然是关联，每一个明示话语都应该对本身的交际行为提供最佳关联性，隐喻的使用也完全一样。关联和语境假设是相互联系的，人们言语交际的过程其实是参与认知语境的过程，其中包含语境假设的选取以及拓展。此时，听话者和说话者如果在语境假设上相同点越多，说话人想传递的具体信息和听话人最终理解的结果之间就会有越大的认知关联性。（冉永平，2004）再则，在解读隐喻的关联过程中，听话者积极地形成和隐喻的本体、喻体有关联的语境假设，以某种方法把两者联系起来，积极构建本体和喻体之间的特殊邻近关系，最后作为推断隐喻的参照，进而形成特定的概念。我们知道，取得词语的比喻信息仅仅是理解整句话的一部分，获得隐喻词语认知效果也是重要组成部分。基于此，要完整理解隐喻，需要两个方面：第一是隐喻词语的比喻信息，也就是通过形成特定的概念，找到喻体所指代的本体；第二是说话者使用隐喻的意图，也可以说是隐喻所传达的语用含意或者认知效果。（Carston，1996）比如：

（5）Alice：Are you going to the concert this afternoon?

Mark：The saxophone has got ill.

此例句中，Alice 的话语是属于明示交际行为，需要激起 Mark 的关联性期待，Alice 假设 Mark 提供的信息和她的问题"Are you going to the concert this afternoon?"有关。这个 Saxophone 是语用信息的开始，它激发了该词条下的逻辑信息和百科知识。依靠常识 Alice 判断是人生病而不是乐器生病，关于 saxophone 逻辑方面的信息肯定是一种乐器，但是听话者关注的是该词语的内涵，也就是和这个词相关的百科知识。从已有观点看来，内涵不仅仅包含对象的基本属性或者特有属性，也包括此概念所指的对象所有相关的内容。（徐盛桓，2009）由于受到关联原则的制约，Alice 能够假设的语境是："A saxophonist usually plays saxophone in a concert"，以此建立了 "saxophone" 和 "saxophonist" 之间的相邻关系，乐器使用者由乐器来代替，我们可以进行推断，"saxophone" 比喻的就是 "saxophonist"。对隐喻词的指代确定仅仅构成了完善命题的其中一部分，以关联原则为框架，听话者往往尽量朝省力的方向寻找理解隐喻的认知效果。我们可以继续理解，因为萨克斯吹奏者生病了，Alice 会觉得非常遗憾，今天下午她和 Mary 无法欣赏她们期盼中的萨克斯音乐了，也许会她们会改变计划，不去参加音乐会。

在解读以上隐喻词的过程中，可以看出，要理解隐喻，还需要搞清楚概念之间的相邻关系，然后通过推理隐喻来形成特定的概念，从而加强认知效果，此时，认知语境和隐喻的整合分析模式起到了关键的作用。

3.3 语境假设与隐喻：最佳关联

隐喻理解过程中，关联理论的 "语境假设" 起着重要的作用，它是 "认知语境" 的另一种表达。传统的语境包括很多因素，比如交际时间、地点、说话方式、社会背景、人文地理和语言知识等等，关联理论的认知语境比传统的语境外延更广，它不但指具体的语境因素（比如物质环），也涉及人们多方面的认知因素，比如对事物原有的知识、推测和相关经历，它们本来存在于交际者的头脑中，遇到具体话语时，形成一连串的语境假设，关联理论框架下，语境是动态的，需要不断做出选择，例如：

（6）Chocolate: The "Food of the Gods"（程美丽，2015）

以上标题中，本体是 "chocolate"，喻体是 "Food of the Gods"。读者看到巧克力就会产生以下关联假设：a. 巧克力有点贵；b. 很多人喜欢吃巧克力；c. 巧克力是从可可树的种子里提炼而成的；d. 巧克力来源于国外；e. 巧克力分为黑巧克力和白巧克力……但是这里作者把巧克力喻为 "Food of the Gods"，这对读者来说是一新的信息，可能需要新的关联来假设：a. 巧克力是上帝给人类的恩赐；b. 人们认为巧克力是上等食物；等等。而在之后的文章中，读者发现，一项最新的科学研究表明，巧克力对心脏病的预防起到强大的作用，适当吃巧克力对身体健康是有益的。至此，读者不能使用原来储存于头脑中的语境假设了，而必须根据文章形成新的假设，达到最佳关联，产生强大的语境效果。再比如：

（7）Personality is an iceberg.（胡平，2010）

这句话字面意思是 "性格是冰山"，听话人根据已有的认知能力，会产生以下几种语境假设：

a. 冰山的特征是冷，理解为 "性格是冷漠的"。

b. 冰山通常只露一角，理解为 "性格是深不可测的，我们不能看表象"。

c. 冰山会把船撞沉，理解为 "性格很危险，是致命的"。

以上语境假设，到底哪一个是对的呢？在关联理论中，我们可以灵活地构建各种语境假设，听话人可以根据已有的语境信息做出调整，达到最佳关联，理解说话者真实的目的。这种语境假设的构建过程中，最佳关联是核心，也就是 Sperber 和 Wilson（2001）所指的关联理论的理解程序：

a. 以最方便的途径，最小的努力解释话语（通过确定指代、去除歧义、对编码内涵进行补充或者调整，对话语进行语境假设、推导隐含的意思等）。

b. 如果达到了期待中的关联程度，就可以结束理解的过程。

以下同样是"Personality is an iceberg"的隐喻，看听话人是怎么使用关联理论的理解程序做出正确的推断，进而理解说话人的目的。

（8）A: A person's personality is an iceberg.

B:Yes, that's the reason why personality decides a person's fate.

A: So she can't blame others. It's really her own fate.

此对话中，A 说："A person's personality is an iceberg."，我们可能想到了之前的各种语境假设。但是此时 B 的回答给了我们更多的语境补充，原有的语境假设就有可能被调整或者修改。我们可以推测，她也许遇到了不幸，但是所有发生的都是她的性格所造成的，为了达到最佳关联，我们可以理解为"她的性格是危险的"，因此可以结束整个理解程序。

隐喻的实质是一种概念代替另一种概念，这两种概念之间是相互关联的，它是客观事物在人们认知领域里的形象。以上例子看出，人们在理解隐喻时，首先需要找出隐喻的本体和喻体之间的关联性，然后根据上下文做出推理，努力获得充分的语境效果，在新旧信息之间获得最佳关联性。

3.4　认知语境的文化对隐喻的影响

在关联理论中，同一理论框架下具有它的字面含义和非字面含义，要理解非字面含义，人们需要付出更多的努力。我们可以借助认知语境来推导隐含的意思，语言学中，文化和语言相互依赖，构成一个整体。在隐喻理解中，相对于其他因素的影响，认知语境下文化的作用也至关重要。

比如，各民族的文化中，对同一动物的好恶心理截然不同。如"狗"在我们的汉族文化中，很多情况下是讨厌的，大多和"狗"相关的词都是贬义的，例如：走狗、狗急跳墙、狗仗人势、狗胆包天、狗嘴吐不出象牙等。但是在西方文化中，很多和"狗"相关的词语是褒义的，如："David works like a dog.""Love me, love my dog"。（马平2011）

说到颜色，在东西方文化中，也存在较大的差异。在英语中，我们通常用"green, blue, black, yellow"等来描述人们的情感。

"green"可以隐喻为妒忌，如："He's green-eyed."等同于"He's envious"，而在中文中，人们经常用眼红来隐喻妒忌；"blue"经常是伤心、忧愁的隐喻，等同于"sad"，例如词组"in a blue mood, feel blue, have the blues"，而中文的"蓝色"却无此特殊意义；"black"可以隐喻忧郁、愤怒，等同于"very angry"，例如："She showed me a black look."；"yellow"可以隐喻为轻蔑，也可以表示非常胆怯，等同于"timid"，如："The little girl was so yellow-bellied that she retreated quickly."

由于文化的不同，人们的思维和表达方式也受到约束，不同文化的人们之间的交流和理解势必受到影响。可以说，隐喻极大地显示了一个民族的文化精华，在已有的认知语境下，需要深入了解相关民族的文化知识，才能正确理解隐喻。

4　结　语

本文在关联理论的框架下，分别探讨了认知语境观的特点以及对隐喻理解的影响和解释力。一方面，关联理论中，认知环境有助于获得隐含的意义，而人们对于认知环境具有很大的差异，从而导致不确定的隐含意义。另一方面，因为最佳关联原则约束了听话人对于语境假设的形成，此时隐含意义的取得又是确定的，这可以在实质上解决隐喻中隐含意思的不确定性和确定性。在隐喻的理解过程中，关联理论框架下的动态语境观，用动态的模式研究隐喻的含义，为隐喻性话语的确切含义的推理提供了坚实的理论基础。只有更好地了解认知语境对隐喻性话语多方面的影响，才能更好地掌握说话者的说话意图，听话人也才能更快速地从认知语境中提炼相关的语境假设，从而正确地推导出说话人的言外之意。

参考文献：

[1] Carston R. Enrichment and loosening: Complementary processes in deriving the proposition expressed[J]. *UCL Working Papers in Linguistics*, 1996(8):1–25.

[2] Richards A. *The Philosophy of Rhetoric*[M].New York: OUP, 1936:82–85.

[3] Sperber D, Wilson D. *Relevance: Communication and Cognition*[M].London: Oxford Blackwell, 1986.

[4] Sperber D, Wilson D. *Relevance: Communication and Cognition*[M].London: Oxford Blackwell, 1995.

[5] Sperber D, Wilson D. *Relevance: Communication and Cognition*[M].London: Oxford Blackwell, Beijing: Foreign Language Teaching and Research Press, Blackwell Publishers Ltd, 2001.

[6] 程美丽 . 关联理论关照下网络英语新闻标题中隐喻的新阐释——以 VOA 网络新闻为例 [J] . 湖北函授大学学报 , 2015(18): 156–157.

[7] 胡平 . 关联理论视角下的隐喻研究 [J]. 湖北广播电视大学学报 ,2010(12): 87–88.

[8] 马平 . 关于动物词汇的认知意义浅析 [J]. 学理论 ,2011(17): 195–196.

[9] 冉永平 . 言语交际的顺应——关联性分析 [J]. 外语学刊 ,2004(2) :28–33.

[10] 束定芳 . 隐喻学研究 [M]. 上海 : 上海外语教育出版社 ,2000.

[11] 熊学亮 . 认知语用学 [M]. 上海 : 上海外语教育出版社 ,1999.

[12] 徐盛桓 . 外延内涵传承说——转喻机理新论 [J]. 外国语 ,2009 (3) :2–10.

[13] 徐章宏 . 隐喻话语理解的语用认知研究 [M]. 北京 : 科学出版社 ,2007.

作者简介：

　　王昆芳，女,1971 年 10 月出生，浙江绍兴人，硕士，浙江越秀外国语学院副教授，主要从事英语教学和英语语言学研究。

青年学者园地

城乡一体化与农村公共文化优先发展①
——新型城镇化背景下的城乡文化冲突与融合

◎吕振兴

1 前 言

我国文化起源于农耕文明，在农耕文明时期，乡村文化是处于支配和主导地位，城市文化和乡村文化是共同体。直至鸦片战争，才出现了城市文化和农村文化的分离。随着1909年清政府颁布《城镇乡地方自治章程》，城镇地区和农村地区的区分开始具有了法律依据，城乡二元社会开始萌芽，城市文化开始了自己相对独立的发展过程。城乡文化在各自不同的道路上按照特有的逻辑不断地发展和演变，并最终发展成为两种具有不同内涵、相互对立的文化子系统——城市文化和乡村文化。较之于城市文化，目前普遍认为乡村文化是乡村居民与乡村自然相互作用过程中所创造出的生活方式和观念体系，"具有凝聚人心和规范村民行为的作用，是调节乡村社会关系，维持村民正常生产和生活秩序的重要因素，甚至是农民的重要精神依托"。

党的十八大以来，我国新型城镇化建设取得重大进展。随着《国家新型城镇化规划（2014—2020年）》实施，新型城镇化建设研究再次得到了政府部门和学术界的关注。2020年，习近平在浙江调研时指出"要扎实推进新型城镇化，带动建设好美丽乡村"。党的十九大报告指出："以城市群为主题建构大中城市和小城镇协调发展的城镇格局。"与此同时，关于新型城镇化文化建设的研究文献也不断增多，如新型城镇化文化发展战略研究（范周，2019）、新型城镇化进程中的文化融合问题研究（邹丽萍，2018）、新型城镇化与文化发展（王晖，2014）等。相比之下，关于新型城镇化与城乡文化融合发展的研究则相对不足。因此，本文以新型城镇化为背景，就新型城镇化发展对城市文化和乡村文化带来的影响为切入点，探讨我国新型城镇化背景下城市文化与乡村文化的冲突与融合问题，具有较强的理论意义和现实价值。

① 国家社会科学基金规划项目"数字经济背景下我国农业协作生态系统绩效评价及实现路径研究"（19BJL039），浙江省教育厅科研计划一般项目"城乡融合发展视角下农村公共文化服务新机制研究（Y201941829）"。

2 新型城镇化背景下城乡文化发展面临的问题

新型城镇化规划的实施意味着城市与乡村开始了双向发展，人民对社会的需求也不仅局限于物质经济层面的，文化层面的需求同样与日俱增，传承优秀传统文化、延续地域历史文脉受到了更多重视。受城乡二元文化影响，乡村文化建设明显滞后于城市，城乡居民在价值观念和行为习惯上的冲突和差异也较大。随着新型城镇化不断推进，城乡文化差距阻碍了城乡文化有效融合，优秀的乡村文化得不到城市文化认可，城市文化也难以渗透到乡村文化建设之中，这种文化的不融合性对乡村文化建设价值取向产生了严重影响。

2.1 新型城镇化的实施助推现代化城市文化流向乡村的同时，引起乡村文化流失

新型城镇化背景下，城市文化不断向乡村地区输入、渗透，对乡村传统文化造成极大冲击。更有甚者，瓦解了乡村原有的文化秩序，引发了一系列的文化问题，出现传统古村落破坏、物质文化遗产消失，或者乡村个性缺失、陷入"千村一面"的窘境等问题。数据显示，2000 年，我国自然村总数为 363 万个，到 2010 年已锐减为 271 万个，这意味着平均每年自然村的消失数量近 9 万，每天要消失 200 多个，而且这一数量在逐日增加。村庄的消失不仅意味着农业生产与人口的消失、土地的荒芜、古建筑的荒废，也意味着传承悠久的农业生产生活方式、生产技艺、风俗习惯等的消失，更意味着乡村文化的地域性、多样性和丰富性的消失。

2.2 新型城镇化的实施助推农村优秀传统文化流向城市的同时，引发城乡文化冲突

据国家统计局统计，截至 2019 年全国农民工总量达到 29 077 万人，外出农民工 17 425 万人，在外出农民工中，年末在城镇居住的进城农民工 13 500 万人。大量的农民工进城，把来自两种不同文化背景的人聚集到一起，给塑造城市发展追求时尚个性带来动力，但也在客观上增加了农村文化与城市文化之间相互碰撞和对冲的可能性，给城乡文化融合发展带来新的严峻挑战。事实上，当前我国农民工和城市居民因为文化差异所引发的矛盾和冲突已经成为新型城镇化进程中的巨大威胁之一。他们之间既有心理层面的相互疏离和排斥，也有深层次价值观的冲突。

3 新型城镇化背景下的城市文化与农村文化冲突

城市文化和农村文化作为系统性存在，每一个系统由内到外包含了精神文化、制度文化、行为文化和物质文化等四个基层文化层次。那么，在新型城镇化发展下城乡文化的冲突和差异也必然体现在物质文化、观念文化、行为文化和制度文化四方要素上。

3.1 城乡物质文化的冲突

如果说城镇化水平持续提高，会使更多农民通过基础设施、公共服务设施和住宅建设等巨大投资需求，那么城乡物质文化的冲突则主要是反应在基础公共文化设施和大部分文化举措等方面上的差距。

（1）城乡公共文化设施建设差异。相较而言，城市文化设施齐备，居民文化生活质量也较高。在乡村，因资金有限文化设施匮乏，村民的文化生活也十分贫瘠。城市居民司空见惯的音乐会、博物馆、海洋馆等随处可见，大部分村民生活中没有这样的词汇。湖南卫视《洞穴之光》系列节目中有一期：一所山村的农村学校，一个洞穴就是一所教室，一块木板就是一张书桌，墙角的蜘蛛网就是孩子们感知的"网络世界"。这与城市现代化的教学楼，一应俱全的教学设备大相径庭。虽然这是一个比较极端个案，但这也反映一个简单又普遍的问题，农村和城市在物质文化建设上差距巨大。以 2018 年文化机构情况为例，全国农村乡镇文化站为 33 858 个，乡镇总数为 37 334 个，占比为 0.91；农村人口总数为 56 401 万人，万人均占比仅为 0.6 个。（数据来源：《中国农村统计年鉴 2019》、国家统计网）。

（2）城乡公共文化服务举措差异。一是文化教育设施分布非均等化。数据显示，每年仍有 50 万—60 万学龄儿童辍学。（白描，2019）虽然中央财政教育已经加大重点保障农村义务教育的转移支付力度，但目前农村文化教育事业无论硬件设施条件还是教师的薪资水平、发展空间，都不足以吸引或留住人才，师资力量仍然薄弱。以全国分地区小学办学条件为例，运动场地面积、图书数量、计算机台数以及教学与仪器设备资产值分别仅占全国总量的 44.7%、29.8%、30.4% 和 26.2%（表 1），文化教育设施分布极不平衡，也凸显出农村基础教育办学条件严重落后于城镇地区。二是基本卫生医疗服务设施非均衡化。我国的城乡卫生医疗资源配置差异较大，卫生医疗事业发展走的是一条城镇高水平、乡村低覆盖的路子。乡村公共卫生服务设施落后，尚存在无卫生所或专职医生护士等情况。根据中国农村统计年鉴 2019 年数据，全国"平均每千农村人口卫生室人员"为 1.54，以浙江省为例，"村卫生室"为 11 483 个，"乡村医生和卫生员"为 7 312 个，"平均每千农村人口卫生室人员"仅为 0.92，"设卫生室的村数占行政村数比重"为 46.5%（表 2）。调查显示，浙江省磐安县仁川镇天网片 9 个自然村，均没有任何基础卫生医疗设施，更何况，深度贫困乡村地区。

表 1 2017 年城乡地区小学办学条件对比

地 区	运动场地面积（万平方米）	图书（万册）	计算机数（万台）	教学仪器设备资产值（亿元）	校舍面积中危房面积（万平方米）
城区	16 055.0	77 927.4	452.7	598.9	95.24
城乡结合区	3 921.5	13 686.6	80.4	91.5	15.54.

续　表

地　区	运动场地面积（万平方米）	图书（万册）	计算机数（万台）	教学仪器设备资产值（亿元）	校舍面积中危房面积（万平方米）
镇区	24 306.2	82 728.8	418.9	448.0	142.95
镇乡结合区	8 071.7	24 386.4	126.8	123.2	44.11
乡村	32 653.0	68 198.8	380.6	370.9	328.07
统计	73 014.18	228 855.02	1 252.20	1 417.71	566.26

资料来源：《中国教育统计年鉴（2017）》。

表 2　2018 年各地区农村村卫生室和人员情况

地　区	村卫生室（个）	设卫生室的村数占行政村数比重(%)	乡村医生和卫生员（人）	平均每千农村人口村卫生室人员（人）
全国总计	622 001	94.0	907 098	1.54
…	…	…	…	…
天津	2 511	70.6	4 600	10.65
上海	1 162	73.9	717	5.78
江苏	15 311	100.0	27 000	1.61
浙江	11 483	46.5	7 312	0.92
山东	53 246	76.5	101 069	2.19

资料来源：《中国农村统计年鉴（2019）》。

3.2　城乡观念文化的冲突

长期以来的城乡物质文化二元特性，不仅能让人能很容易地把城市文化和乡村文化区分开来，更有甚者，因为思想观念和价值观念的差异，形成了"这就是农村，这才是城市"等固有认知。

（1）思想观念的差异与冲突。由于不同文化的覆盖，在思想观念上城市人和乡村人有诸多差异和冲突。大部分农民向往城市文化，渴望城市文化的繁华与色彩，但又具有保守心理，接受城市文化也比较迟缓，造成城乡文化交流与融合的障碍，农村文化被边缘化。农民工大量进城，把来自两种不同文化背景的人聚集到了一起，但在城市居民眼里，只要你是农民，不管你在生活在农村还是定居在城市，永远都是城市的"农民工"。这在客观上增加了农村文化和城市文化之间的相互碰撞和对冲的可能性，给城乡文化的融合和发展带了新挑战。

（2）价值取向的差异与冲突。城乡居民既存在心理层面的相互疏离和排斥，也有着深层次的价值观方面的冲突。相对于城市居民，农业转移人口对眼前利益更加看重，农村父母期望子女进城务工，能够有个工作挣钱就好，创新意识和进取意识也相对弱。随着"市民化"的深入，在他们身上兼具了城市居民和农村居民的部分优点，也在一定程度上集中了他们的缺点。他们依然留恋过去的生活方式，在社区里面种菜、豢养家畜等，这些都是典型的农业活动，但在城市以第二产业和第三产业为主，缺乏从事农业活动的条件，种菜要破坏绿化，家畜粪便会污染环境等，农业转移人口过去的生产生活方式和现如今的城市社区环境发生了不可调和的冲突。

3.3 城乡行为文化的冲突

行为文化主要是指在特定环境下所形成的人们普遍采取的生产方式、生活方式，以及与这种生产方式、生活方式相适应的社会交往方式。那么，城乡居民行为文化冲突也必然体现在生产生活方式的差异和社会交往方式的冲突上。

（1）生产生活方式的差异。长期以来的物质文化和观念文化差异，城乡居民逐渐形成了具有自身特点的生产和生活方式。长期存在的城乡二元结构人为阻断了城乡居民的文化交流，使城乡居民之间对对方的文化生活方式了解甚少，误会越来越多，甚至逐渐产生了相互排斥的文化心理，这是引发当前一些地方城乡文化矛盾和冲突的重要原因之一。以农村居民消费支出及构成为例，从 2014 年到 2018 年中国农村居民人均消费支出从 8 382.6 元增加到 12 124.3 元，增幅达 44.64%；但其中"教育文化娱乐"占比仅从 10.3% 升到 10.7%；2018 年"衣食住行"人均消费达到 8 643.9 元，占比高达 71.3%（表 3）。城市居民长期居住在城市，主要从事工业生产、商业贸易等非农工作；乡村农民主要从事农耕、养殖等比较辛苦的工作；城市人择业观念比较强，大多数人的就业期望值比较高，不愿意从事体力性、比较辛苦的工作。

表 3　农村居民消费支出及构成

指　标	2014 年	2015 年	2016 年	2017 年	2018 年
消费支出 (元 / 人)	8 382.6	9 222.6	10 129.8	10 954.5	12 124.3
（一）食品烟酒	2 814.0	3 048.0	3 266.1	3 415.4	3 645.6
（二）衣着	510.4	550.5	575.4	611.6	647.7
（三）居住	1 762.7	1 926.2	2 147.1	2 353.5	2 660.6
（四）生活用品及服务	506.5	545.6	595.7	634.0	720.5
（五）交通通信	1 012.6	1 163.1	1 359.9	1 509.1	1 690.0
（六）教育文化娱乐	859.5	969.3	1 070.3	1 171.3	1 301.6
（七）医疗保健	753.9	846.0	929.2	1 058.7	1 240.1
（八）其他用品及服务	163.0	174.0	186.0	200.9	218.3
消费支出构成 (%)	100.0	100.0	100.0	100.0	100.0

续　表

指　标	2014 年	2015 年	2016 年	2017 年	2018 年
（一）食品烟酒	33.6	33.0	32.2	31.2	30.1
（二）衣着	6.1	6.0	5.7	5.6	5.3
（三）居住	21.0	20.9	21.2	21.5	21.9
（四）生活用品及服务	6.0	5.9	5.9	5.8	5.9
（五）交通通信	12.1	12,6	13.4	13.8	13.9
（六）教育文化娱乐	10.3	10.5	10.6	10.7	10.7
（七）医疗保健	9	9.2	9.2	9.7	10.2
（八）其他用品及服务	1.9	1.9	1.8	1.8	1.8

资料来源：《中国农村统计年鉴（2019）》。

（2）社会交往方式的冲突。城市文化生活方式和农村文化生活方式各有特点和优势，农村社会关系是主要建立在血缘、地缘基础之上的熟人社会，城市的社会关系主要是建立在利益基础上，依靠契约、业缘关系等原则来调节彼此关系。这些差异是城乡居民在不同的生活环境中所形成的，是人类生活实践的产物，既具有形成的客观性，也有存在的合理性，本身并没有先进和落后之分。然而，在城乡物质文化二元背景下，这种差异易被人为地贴上了身份标签，成为城乡居民互相疏离和排斥的理由。

3.4　城乡制度文化的冲突

制度文化是指人类在长期的生产和社会生活实践中形成的风俗习惯、价值信念、人文精神、伦理道德等意识观念或文化形态。那么，所谓城乡制度文化的冲突主要是指城乡之间实行不同的制度和政策，所引发的意识观念或文化形态上的差异与冲突。

（1）城乡制度建设上的差异与冲突。改革开放后，我国开始意识到城乡二元结构及其给国家经济社会发展所带来的严重危害，并在制度层面进行了些调整和创新，以缓解城乡矛盾。例如，取消了统购统销制度、放开了城市的户籍制度，以缓解城乡矛盾。就目前而言，农民工进城实现了就业的非农化，但仍无法摆脱"农民工"身份。截至 2018 年底，仍有 2.26 亿已成为城镇常住人口但尚未落户城市的农业转移人口，其中65% 分布在地级以上的城市，基本上是大城市。这严重打击了乡村居民参与城乡融合发展的积极性。此外，除了原有的城乡分治制度尚未完全根除之外，还产生了一些新的产权、社会保障、基础设施和资金投入等城乡分治制度，城乡二元制度格局并没有得到根本解决。

（2）城乡制度管理上的差异与冲突。中国城镇化要构建更加完善的要素市场化配置机制需要加强制度创新，这涉及上地制度、户籍制度、社会保障制度、金融财税制度等领域的改革。制度创新势必给城乡管理上带来冲突和挑战，尤其是需要重新定位政府功能和职责，给城乡居民政治、经济等平等地位。目前，由于户籍制度和社会保障制度等的制约，我国农民工即使在空间上迁入城市，也很难从精神上彻底融入城市，长期处于"住在城市中，却生活在城市之外"的尴尬境地，严重阻碍了城镇化进程、制约了城乡资源流动。

4 新型城镇化背景下的城市文化与农村文化融合

在各地的城乡文化融合实践探索中，浙江农村文化礼堂建设是真正做到了有内涵、见实效的乡村文化建设实践。在广袤的之江大地上，文化礼堂让乡村文脉有了新的传承载体，让城乡文化融合发展有了新的发展途径。

4.1 在物质文化方面，加快城乡文化基础设施融合建设

（1）加强城乡文化基础设施的功能融合。一是以政府为主体，充分发挥市场、社会力量，形成公共文化产品供给主体多元，全面融合城乡文化活动室、文化信息资源共享工程基层网点等基层公共服务设施，为乡村居民提供精准、高效、实用的公共文化服务资源。二是加大农村文化基础设施建设的支持力度，在充分利用好农村原有文化馆、文化站和农家书屋等文化设施的基础上，在农村居民集中居住区推广建立公共篮球场、网球场、文化广场，配备相应数量的乒乓球桌等"三场一桌"基础文化设施，使农村开展文化活动设施齐备、功能齐全。三是建立和创新城乡基础文化设施共享，推进农村文化礼堂"互联网＋"建设，根据乡村文化发展的实际需求，让城市公共基础文化实施向农村居民定期免费开放，并集中免费接送农村居民进城参与文化活动，让越来越多的农村居民更好地了解城市、熟悉城市。

（2）加强城乡文化服务举措的内容聚合。一是加大城市优质文化服务资源帮扶。从目前乡村文化的产业化发展情况来看，"大都是以文化与自然资源为卖点，简单、粗放的产业手段为途径迎合消费者需求，其产业类型也不过是手工艺品、特色服饰及纪念品制造和销售、民俗民间风情演艺、休闲和旅游观光等"，缺乏乡村文化产业生态化转型"内核"。需要通过建设城乡公共文化服务"供需对接平台"，创新推出"文化定制"等服务平台，拓宽基层文化服务信息渠道，实现乡村公共文化的"造血"机能。二是鼓励城市居民走向农村，让更多的城市居民到农村了解农村文化、体验乡村生活，通过参与农村的文化生活，使越来越多的城市居民更加深入地了解农村、农业和农民，为培有城乡健康文化生活方式奠定坚实的生活基础。三是加强城乡文化服务共享互联，推进城乡"文化走亲"活动，按照城乡基础设施一体化、网络化、共建共享需求，以各地常住人口为依据，统筹考虑就业、医疗、住房、教育和社会保障等公共服务需求，促进城乡

基本公共文化服务均等化。

4.2　在观念文化方面，加强城乡精神文明建设融合

（1）文化礼堂建设彰显红色文化。红色文化起源于 20 世纪中国特殊的"革命"时代环境，是中华民族的深刻记忆，是非常重要的文化资源[15]，也是马克思主义与中国革命实践相结合而形成的先进文化。一是农村文化礼堂作为培育和践行习近平新时代中国特色社会主义思想的重要阵地，在新型城镇化建设中需要做好弘扬红色文化的使命。把农村文化礼堂建成集理想信念教育、革命历史传承、传统文化体验、廉政精神教育合一的红色教育实践基地。二是利用网络自媒体传扬记忆红色文化传承，通过开展网络纪念馆等，将"人"与"事"更好地结合起来，使历史事件更加生动活现。用 VR、实景体验等新技术创造历史革命的真实场景，讲好党史、国史故事。三是打造与浙江"三个地"和"重要窗口"相适应的文化高地，大力推进宣传教育，让党的声音在农民群众中入脑入耳、深入人心。

（2）文化礼堂活动开展弘扬真善美风尚。农村文化礼堂不是一个单纯的文化活动场所，而是乡村居民的精神文明家园，更是展现乡村公共文化服务平台。一是增强开展乡村文化活动的仪式感、使命感和存在感，深入开展各类"最美"系列评议评选和宣传展示活动，着重凸显教化、育人、宣传功能，把政治教育和传统文化传承融入日常活动中。二是重视乡村特性文化展示，抓住乡村传承的独有文化符合，深入开展民俗乡土文化、农耕饮食文化、民间工艺文化活动等。三是倡导良好家训乡风。开展"立家规传家训"和"耕读传家"等活动，提升乡村民俗、民族风情、乡土文化等文化品位。围绕"乡贤回归工程"，开展"举乡贤、颂乡贤、学乡贤"活动，深入挖掘历代"先贤"，展示乡贤先进事迹，引导广大农民群众学习"最真"、追随"最善"、争做"最美"。

4.3　在行为文化方面，完善城乡公共文化生活互通共享

（1）建立和完善城乡健康文化方式的教育宣传方式。一是培育城乡健康文化生活方式，必须要建立和完善相关的教育宣传机制，宣传文明健康生活方式，引导乡村居民形成讲文明、讲卫生、防疾病的良好习惯，助力乡村文明为培育城乡健康文化生活方式奠定思想基础。二是通过宣传中华优秀传统文化生活、普及乡村文化品牌，增强城乡居民的民族文化情感。通过"送文化""晒文化"等形式，拓展乡村优秀文化和城市现代文化的宣传渠道，促使城乡居民形成正确的文化生活观，增强城乡居民建设文明健康文化生活的自信。

（2）建立和完善城乡健康文化生活方式的培育和养成。文化在本质上是"人化"，其最根本的功能在于教育人、塑造人。培育城乡健康文化生活方式不仅需要宣传和教育，更需要培育和养成。一是加大政府对积极健康文化生活活动的扶助力度，开展"送城市文化下乡""请乡土文化进城"等活动，使城乡居民积极参与健康文化生活，形成

良好的文化生活习惯。同时，设立城乡文化活动专项基金，为城乡健康文化生活方式的宣传、推广和开展提供保障。二是建立定期评选"文明家庭""文明村民""文明市民"等的制度，把参与文化生活的情况作为重要内容，加大奖励力度，积极鼓励参与健康文化生活，具有良好文化生活习惯的家庭、人格的先进事迹。三是将参与文化活动情况列入"社会征信"系统，把参与和组织不健康文化生活活动视为失信行为，严惩不健康文化生活活动的组织和参与者。

（3）建立和完善城乡文化生活文化方式的交流互动机制。一是建立和完善创新文化生活的交流互动机制，加大城市对农村的文化支持力度，在"三下乡"的基础上继续探讨城市帮助农村，丰富农村日常文化生活的途径，让更多农村居民在家门口就能够享受到城市现代文化生活。二是建立农村文化"进城"制度，让具有农村文化特色，反映新农村建设成就的文化艺术走进城市，走进城居民生活中，让城市居民更好地了解农村和农民。三是建立城乡居民定期共同开展文化活动的制度，逐步形成城乡居民文化生活交流互动的长效机制，使城乡居民之间的文化生活交流互动长期化、常态化，为城乡文化生活交流提供制度保障。

4.4　在制度文化方面，保障城乡村文化服务融合

（1）完善城乡制度互融共生机制。一是健全多元投入服务机制。推动公共服务向农村发展，增加对农业农村基础设施建设投入，建立健全农业农村优先发展的科技人才支撑机制、财政投入机制、新型社会治理体制等，推动人才、土地、资本、文化等要素在城乡间双向流动和平等交换。二是深化户籍制度改革。与土地制度改革、社会保障体制相结合，加快推动非户籍人口在城镇便捷落户，促进有能力在城镇就业和生活的农业转移人口进城落户。同时，匹配与户籍制度相关举措，维护进城落户农民的土地承包权、宅基地使用权等，让进城的进的放心、留在乡村的留的安心，实现城乡协同发展。

（2）优化城乡公共文化服务供给机制。一是按照"政府补助、市场运作、信贷扶持、农户自筹"思路，推动公共服务向农村延伸，完善城乡公共文化服务体系的出发点和落脚点。二是建立健全政府向社会力量购买公共文化服务机制，培育多元供给主体，健全多元投入服务保障机制，同时将竞争机制引入购买公共文化服务当中。三是加强支持开展群众性文化活动机制，拓宽资金来源渠道，形成多元化、可持续的公共文化服务资金投入来源，提升公共文化服务供给的效率和品质。

（3）提升公共文化服务治理体系。一是加强和创新社会服务治理能力。党的十九大提出健全自治、法治、德治相结合的乡村治理体系，通过树立"系统治理、依法治理、综合治理、源头治理"理念，全面落实公共文化服务保障法，依法保障城乡居民公共文化权益。二是强化评估结果为依据的激励机制。科学制定评估指标体系，实施乡村文化人才培养工程，对公共文化服务创新人才加大表彰奖励力度，提高薪酬待遇。设置专项资金，通过以奖代补等形式对优质乡村文化礼堂建设进行扶持。

5　结　语

日前，新型城镇化已成为一股势不可挡的历史潮流和趋势，城镇化不是城市消灭乡村的运动，不能想当然地运用所谓标准化的城市发展模式取代既有的乡村发展规律，尤其是在文化领域。城镇化进程中的乡村文化需要以一种"活化"方式来体现对文化发展规律的遵循，基于此，针对当前城镇化演变中出现的诸如城乡文化在文化取向、生活方式、价值观念、思维行为方式等方面的差异变化，笔者根据农业农村优先发展的科学内涵，从农村文化礼堂建设视角上提出解决问题的新思路，即加快形成城乡文化基础设施融合建设、加速推进城乡精神文明建设融合，健全城乡文化融合机制等举措，实现城乡文化共生融合发展。同时，目前学界关于新型城镇化背景下的城乡文化冲突与融合的研究成果相对缺少，笔者期待自己的研究能起到抛砖引玉的作用。

参考文献：

[1] 黄开腾 . 城乡协同：新型城镇化背景下乡村治理的新思路 [J]. 云南行政学院学报 ,2016(4): 123–129.

[2] 习近平 . 决胜全面建成小康社会 夺取新时代中国特色社会主义伟大胜利——在中国共产党第十九次全国代表大会上的报告 [N]. 人民日报 , 2017–10–19.

[3] 张才志 . 乡村振兴战略实施中乡村文化建设的价值取向研究 [J]. 农业经济 ,2019(8): 42–44.

[4] 吕宾 . 乡村振兴视域下乡村文化重塑的必要性、困境与路径 [J]. 求实 ,2019(2): 97–108.

[5] 国家统计局 . 2019 年农民工监测调查报告 [EB/OL]. (2020–4–30). http://www.stats.gov.cn/tjsj/zxfb/202004/t20200430_1742724.html.

[6] 龙秀雄 . 转型时期我国城乡文化融合发展研究 [M]. 北京：中央编译出版社 , 2019.

[7] 刘奇 . 二元文化：城乡一体化的"暗礁" [J]. 中国发展观察 , 2012(11): 33–39.

[8] 魏后凯、杜志雄 . 中国农村发展报告—聚焦农业农村优先发展 [D]. 北京：中国社会科学出版社 , 2019(7): 134.

[9] 周军 . 我国农村文化发展的机遇、困境与路径 [J]. 东北师大学报 (哲学社会科学版),2019(1): 176–182.

[10] 冯永刚 . 刍议制度文化在道德教育中的功效 [J]. 教育研究 ,2012(3): 66–70.

[11] 陆娅楠 . 城乡融合发展 释放最大潜力 (经济聚焦)[N]. 人民日报 , 2019–5–7(10).

[12] 孙全胜 . 中国特色城镇化道路的制度创新研究 [J]. 企业经济 , 2020(7).

[13] 张振鹏 . 新型城镇化中乡村文化的保护与传承之道 [J]. 福建师范大学学报 (哲学社会科学版), 2013(6):22–28.

[14] 王运春、王飞 . 红色文化为思政注入深厚力量 [N]. 中国教育报 , 2020–5–28(9).

作者简介：

吕振兴，男，1984年10月生，浙江磐安人，管理学硕士，浙江越秀外国语学院党委组织部、人事处助理研究员，主要从事高校党建思政、城乡文化研究。

外语教学领域吸收的若干跨文化交际概念 [①]
以 *Principles of Language Learning and Teaching* 的六个版本为例

◎王　强

1　前　言

　　跨文化能力早已从商务培训、跨国人口流动等领域，逐渐进入外语教学领域，成为其中的热点话题。然而，跨文化能力成为教育政策的一部分，甚至成为学界热词，"并不等于它已经真正落实在教学者的头脑中和课堂中"。（Diaz，2013：ix-x）因此，有必要盘点外语教学界吸收了跨文化研究的哪些成果，在吸收的过程中有哪些特点，在哪些方面有所滞后等问题；只有通过梳理语言教学的跨文化研究动态，才能揭示语言教学界对跨文化研究成果的吸收和借鉴，归纳其阶段性特点以及对外语教学的启示。

2　跨文化研究的概念

　　H. Douglas Brown 曾长期担任 *Language Learning*（《语言学习》期刊）的主编，是较早地关注文化和交际的应用语言学家。他先后以 *Principles of Language Learning and Teaching* 为题撰写了六个版本。第一版于 1980 年出版，之后每 7 年推出一个新版本，而且在每个版本中都有相应的交际和文化内容。考虑到他在语言教学领域的贡献和学术影响力，加上他出版著作的时间跨度和间隔，他的著作反映了过去近半个世纪语言教学领域学者对跨文化交际理论的吸收和运用情况。

　　早在该书第一版，H. Douglas Brown 就提出，学习第二门语言就是在习得第二身份和第二文化，并介绍了濡化、文化休克、社会距离、刻板印象、文化、萨丕尔—沃尔夫假说等概念。（Brown，1980）随后的 5 个版本以不同的详略程度和不同的逻辑层次展示这些概念以及它们各自与语言教学的关系。本文将沿着时间的纵轴，分别关注各个版本如何呈现这些跨文化研究的概念以及各个版本如何探讨它们对语言教学的意义。

---

① 本文得到北京外国语大学北京高校高精尖学科"外语教育学"建设项目（2020SYLZDXM011）的支持。

2.1 濡 化

濡化是一个学习的过程，指的是学习新文化体系的一些做法和思维方式，是跨文化适应的一部分。（陈国明、安然，2010）第一版将濡化列为跨文化交际的第一个概念，认为研究第二语言学习和第二文化学习关系时，必须考虑不同的语言学习情境，因为在不同的语言学习情境下濡化程度并不相同。在前三个版本中，濡化一直是重要的概念，而且出现在开篇位置。（Brown，1980，1987，1993）之后，濡化的地位逐渐下降。2000年的第四版将濡化放入第二文化习得中，与文化休克等概念并列。（Brown，2000）第六版将濡化放置在跨文化研究的里程碑中。（Brown，2014）

从时间上看，濡化概念在该书各版本中的地位变化反映了跨文化研究者对这个概念不断深化的认识。在早期，跨文化研究人员认为，文化接触的后果是弱势文化发生更大的变化，而且趋向强势文化，最终朝着同质化方向发展。由于外语教学或多或少会涉及文化接触，在外语教学研究中濡化被赋予相当高的地位。后来，学者发现文化接触的情况并不简单，而是呈现出融入、维持和分离等多种局面。（Berry，2019）于是，濡化不再是一个绝对的概念，其发展路径也不是必然的，濡化概念因此在外语教学领域日渐式微。最近，跨文化学者又开始重视濡化并且扩展了其内涵，包括远程濡化。随着互联网和跨国社交媒体的飞速发展，人们在不涉足外国的情况下就能接触到其他社会的价值观和行为模式并且受到其影响。（Schwartz，2020）这些新趋势目前还没有体现在最新版本中；其理论意义和教学启发也没有在外语教学领域引起广泛的讨论。

在当代中国社会，接触并批判地吸收外来文化构成了外语教育的组成部分，也是课程思政的要求和使命担当。（夏文红、何芳，2019）在中国，各学段的外语教学能否以及如何培养学生对民族文化的自信，关系到构筑中国精神、弘扬中国价值以及凝聚中国力量。濡化作为外语学习过程中的心理现象，关乎学习者对他者文化和母语文化的认同及其消长，必须引起重视，落实到教学任务设计。

2.2 文化休克

文化休克最早是用于描述人类学家进入不同文化群体时经历的困惑体验。后来由跨文化学者 Kalervo Oberg 在其论文中扩展到进入其他文化群体的所有人，并指出他们要经历"蜜月—危机—恢复—调整"周期模型以及焦虑、无助等症状。（Oberg，1960）

在最初的版本中，文化休克是和濡化放在一个层次上讨论的。从20世纪80年代末的第二版到第五版，文化休克一直被放在濡化或第二语言习得概念之下。第六版将文化休克与濡化并列，但是不再占据重要的位置，体现了文化休克在跨文化研究领域的发展历程。（Brown，2014）当初，K. Oberg 将文化休克描述为一种"病症"，似乎笃定它是一种坏事。（Oberg，1960）然而，自从 K. Oberg 将其理论化以来，许多研究者发现文化休克等文化适应的路径与模式是复杂的，其症状和发展阶段受到个体性格等因素的影响，而且现实中跨文化活动的亲历者对"文化休克"这个词并不认同，甚至有抵触情绪。（van der Zee and van Oudenhoven，2013）可见，在跨文化领域，文化休克也是一个多元、复杂的概念，不应该将其视为单一、纯粹的变量进行考虑。

　　H. Douglas Brown 是从普遍意义上考虑语言学习的原则，包括各种学习外语或第二语言的情况，论证了"语言学习者也是文化学习者"（Ward，Bochner，and Furnham，2001），涉及了文化休克的概念，但是没有充分讨论。在这个问题上，国内外语教学领域的研究存在两点不足。一方面，许多研究不管该概念的具体所指，不考虑理论的适切性。例如，在大学英语教学领域探讨所谓的"文化休克"，刊发的论文数量持续走高，占用了教育类期刊的学术讨论空间。另一方面，我国教育国际化的趋势越来越明朗，留学生来华和学生出国以及外派职员不断增多，文化休克研究的必要性逐渐浮现，针对这些群体的研究反而踟蹰不前。这两点值得国内学者借鉴和改进，在适切的领域开展文化休克研究和应对策略研究。

2.3　社会距离

　　在人类学领域，社会距离指的是包括人类在内的动物的心理距离，无论靠近还是远离，只要超过了这个距离他们就会感到不适。（Hall，1990）显然，H. Douglas Brown 的理解和 Edward T. Hall 的定义是不同的，他最初将社会距离定义为"针对个人而言，两种文化在认知和情感上的距离"，认为社会距离越大，学习第二语言的难度越大。（Brown，1980）第三版突出了"最优社会距离"概念并且将之与当时流行的"感知到的社会距离"并列在显要位置。（Brown，1993）世纪之交，社会距离仍然是作为一个影响语言学习效果的社会文化因素来考虑的，讨论了社会距离与"洋泾浜化（pidginization）"的关系，进一步降低"感知到的社会距离"的地位。（Brown，2000）在第五版中，社会距离虽然存在，但是地位明显下降。（Brown，2007）在第六版中，社会距离已经被放到了跨文化研究的里程碑中了，与文化休克、濡化等概念并列。（Brown，2014）

　　关于社会距离，H. Douglas Brown 的基本立场是学习者语言的发展应该与文化的发展相适应；如果在文化学习上没有进展，语言的发展也会受局限，出现所谓的"石化"和"洋泾浜化"的现象。基于第一版提出的最优社会距离的理论，他提出了"文化关键期假说"，认为语言学习的社会文化研究证明了这个假说。他建议教师分析学习者所处的文化学习阶段，帮助学习者在文化学习上取得相应的进步。（Brown，2014：189）

　　国内涉及社会距离的文献集中在少数民族教育和中文国际教育领域。相比之下，外语教学领域的研究很少关注社会距离，很少讨论群体认同、社会距离等因素如何影响学习者的跨文化态度、如何影响他们的语言学习等。

2.4　刻板印象

　　刻板印象又称"文化定型"，是基于局外人的种族中心主义视角而产生的僵化概述，是在跨文化交际中不可回避的心理现象。从社会心理学的角度看，它是帮助个体简化信息、把自己与来自不同文化体系的组外人或局外人区分开的一个常见分类方式。从跨文化角度看，它往往暗中标榜自身群体的优越性，引发偏见、不包容以及跨文化冲突。（Kochman and Mavrelis，2015；UNESCO，2009）刻板印象可分为对他者的刻板印象（heterostereotype）和自我刻板印象 (autostereotype)。前者是对其他群体成员特征和价值观的感知，经常包括对该群体成员的僵化描述和过度概括；后者是某一个社会和文化群体对自身群体成员特征和价值观的感知和表述。（Miller adn Madani，2013）

H. Douglas Brown 很早就关注外语教学中的刻板印象。从第二版到第五版，他一直将其放在《社会文化因素》章节。第六版将其与文化和身份等话题合并讨论，指出刻板印象在描述所谓某种文化的"典型"成员方面也许是准确的，但它无法准确描述某个具体的个人，因为每个人都是独特的，我们无法用某种过度概括的结论来解释个人的行为特点。然而，作为语言教学领域的典型代表，他对刻板印象的分类、成因和危害以及应对方法讨论得不够。关于我们如何概括某文化群体的特征以及如何将类似的概括纳入教学，该书的各个版本均没有给出答案。

在我国外语教学界，跨文化外语教学的目标体系已经包含了避免简单化地看待其他文化等内容。例如，《高等学校外语类专业本科教学质量国家标准》就将掌握跨文化研究理论知识和分析方法列为跨文化能力的内容，相应的实施路径也在探索。然而，上文提到的自我刻板印象却被普遍忽视了。国外早期的跨文化学者提出了诸如"权力距离""不确定性规避""个体主义/集体主义""男性化/女性化""长期取向/短期取向"等（Hofstede，1980；Hofstede and Hofstede，2005）。很多维度对相应文化群体和个人的描述是不准确的，甚至不乏东方主义色彩浓厚的刻板印象。长期以来应用语言学界在西方文化和东亚文化之间生硬地划出一条边界，将东亚文化视为"传统、同质的、集体主义的，强调和谐，不重视个性表达和创造性"；同时"为美国等西方文化贴上个人主义、自我表达和批判性思考"等标签。（Kubota，1999：11；Kumaravadivelu，2003：710；Gong and Holliday，2013：45）如果这些描述经由各种媒体进入外语学习者的阅读范围，导致外语学习者生搬硬套、主动认领这些刻板印象，就可能形成顽固的自我刻板印象，矮化自身文化群体，影响文化认同。（Miller and Madani，2013）这一点非常值得引起国内外语教学界重视，应被纳入课程思政的范围，引导学习者批判性地看待外国学者对中国文化的描述。

2.5 文 化

H. Douglas Brown 早期的版本将文化归入"情感变量"，认为文化冲突关系到学习动机等因素。（Brown，1980）在第四版，H. Douglas Brown 表示 "很显然，文化在第二语言学习中变得非常重要"（Brown，2000：178），但它所在章节要讨论的话题仅仅局限在"学习第二语言与学习第二语言文化语境关系的若干方面"。（Brown，2000）从第五版开始，作者对文化的定义才不再局限于"生活方式"和"集体身份"，开始强调文化的动态性、系统性、群体性、文化的要素、代际传播、随着时间而变化等特点。

第六版将文化列入《语言、文化和身份》章节，凸显了文化在语言教学中的地位。

在外语教学中，教材是工作蓝图。（Ellis，2016）文化教学离不开外语教材。（Risager，2011：485–499） 在 *ELT Journal*、*System*、*The Modern Language Journal*、*Language Learning*、*Foreign Language Annals* 等各期刊自创刊到 20 世纪 90 年代的教材评价论文中，文化内容是教材研究文献中的常见主题，但当时的文化教学目的也仅仅限于辅助语言学习。20 世纪 90 年代晚期以后，文化教学在外语教学中才有了一席之地，它自身的价值才被认识到，与 H. Douglas Brown 第四版的出版时间吻合。

世纪之初，我国外语教学界也表达了对文化教学的重视，不同于西方学者讨论教材对性别角色的塑造、（Graci，1992）特定族裔形象等社会因素的表征，（Ashour，1997）中国学者更多关注中国文化知识的缺失，（从丛，2000）他们按照国别将教材选篇的文化进行划分，统计中国文化知识和英语母语文化知识的选篇在教材中的各自占比，仍然停留在国别分析阶段，没有体现面向跨文化能力的视角。（王强，2018）在新时代，通过开展教学活动确保学习者能掌握优秀传统文化、革命文化和社会主义先进文化已经成为外语教学研究的使命。为此，外语教学界需要积极地从跨文化外语教学中挖掘课程思政的资源，如可以将中国特色社会主义思想和概念纳入高校外语教学内容，丰富学习者的思想世界；同时，可以通过搭配一般文化和特定文化选篇来培养跨文化敏感度，（孙有中，Bennett，2017）以及通过优化选篇来揭示并帮助学习者克服本质主义。（Holliday，1999）

2.6 萨丕尔—沃尔夫假说

作为研究外语和第二语言教学的学者，H. Douglas Brown 早在 1980 年就关注了语言、思维与文化之间的关系，认为必须思考语言、思维与文化的问题。在六个版本中，他的基本立场保持一致：既列举了语言在词、句和语篇层次上影响思维的例子，也列举了文化模式、风俗等透过语言表达的现实；他指出语言决定思维还是思维决定语言的争论没有意义，进而补充介绍了大多数语言学家对这个议题的看法，即语言与文化互相影响；不同文化的世界观各不相同，用于表达这些世界观的语言也因此各异；学习者用外语思维固然不容易，但是他们可以用自身的经验来辅助学习外语，而不需要重新学习思维。

然而，H. Douglas Brown 的立场在各版本中又体现出微妙的变化。第一版似乎有十足的把握，通过的实证研究来证明"萨丕尔—沃尔夫假说"是错误的，（Brown，1980）并且引述了其他学者的一段论述，认为后者更强烈地证明了沃尔夫假说的谬误之处。（Wardhaugh，1976）然而，在时隔 7 年之后的第二版中，面对这个争议的问题，H. Douglas Brown 的立场发生了转变：一方面，第二版保留了 R. Wardhaugh 的引文，将其视为"萨丕尔—沃尔夫假说"的对立观点；另一方面，紧随其后，又指出"萨丕尔—沃尔夫假说"被许多语言学家和其他学者误读，之前的批判文章竟然成了误读的反面典型，剧情完全逆转。通过引用 Clarke, Losoff, McCracken, Rood（1984）的综述，他指出"萨丕尔—沃尔夫假说"并不是许多人理解的那种单向度的、绝对的因果关系，那些将其观点简单化的做法恰恰遮蔽了沃尔夫理论的价值。后续版本延续了这个态度，如在讲述语言思维与文化的关系时，最新的第六版指出，我们表达某个思想的方式影响着我们对这个思想的认知。与此同时，他提醒人们：如果某种语言缺乏某个概念，那个语言群体的人们未必无法理解和表达这个概念。他还紧接着指出，将该假说称为"语言决定论"的强势版本是有失偏颇的，"语言相对论"更为恰当。（Brown，2014）

六个版本针对"萨丕尔—沃尔夫假说"的认识不断演化。这对于我们国内英语和其他语言教学的启示如下：语言固然有能力影响我们看世界的方式，但是第二语学习者不需要重新学习如何思考，他们完全可以利用已有的经验来学习新语言并且获得新的文化身份或者重塑文化身份。（Brown，2014）基于这个认识，更多的外语教学研究人员在分析"语言—文化—思维"关系时不至于陷入重复建设，不将三者之间的关系夸大为决定性的关系。在高校外语教学中，我们可以通过对比不同语言的关键词来帮助学习者理解相应的文化（Wierzbicka，1997），而且这种比较有益于增进教师和学习者对相应语言群体文化的认识。

2.7 跨文化能力

直到 2007 年，跨文化能力的教学才出现在 H. Douglas Brown 的书中，比 *International Journal of Intercultural Relations* 期刊的相关讨论晚了近 20 年。即便在第五版中，跨文化能力教学的初衷也是单纯地建立在帮助第二语言学习者克服"心理障碍和不良影响"之上，初步涉及了培养文化意识等内容，紧接着就介绍 Geert Hofstede 的四个文化价值观范畴。（Brown，2007）如果说前半部分关于文化意识的内容与跨文化能力有关的话，价值观范畴部分与跨文化能力的关系就比较远了，因为他认为这四个范畴的知识仅仅是为了帮助教师弥合自己和学生预期之间的差距，减少冲突。在最新的第六版中，他指出，语言、思维与文化是第二语言学习者必须面对的一整套议题，他们不仅需要掌握交际能力，还需要掌握跨文化能力，这种能力涉及话语世界、不同文化的价值观和身份、意义的构建、自我、符号系统等内容，这些都隐蔽在所谓"有效沟通"的表面之下。（Brown，2014）

作为语言教学的专家，H. Douglas Brown 持续关注文化议题的最新研究成果，并且不断将相关讨论推向深入，但是他的六个版本也存在一些缺点，如他没有充分挖掘跨文化能力和他自己之前提出的最优社会距离以及文化关键期理论之间的联系，也没有指出培养跨文化能力对于语言习得的意义。

与之类似，国内近年来出台了一系列英语教学指导文件，如针对基础阶段英语教学的《普通高中英语课程标准（2017 年版）》、针对非英语专业的《大学英语教学指南》，以及为了落实《外国语言文学类教学质量国家标准》而制定的《英语专业本科教学指南》。上述文件已经将跨文化能力视为培养目标的组成部分，（周学恒、战菊，2016）却很少提到培养跨文化能力的路径。（工强，2016）在中国知网（CNKI）数据库中，主题为"跨文化"和"英语"或"外语"的核心期刊论文重点讨论"跨文化能力""交际能力"等抽象的理论概念，关注面向中国外语教学的跨文化能力构建，紧随其后的是"外语教学""大学英语教学""英语教学"等教学环境概念，而围绕"培养策略"等具体落实的讨论较少，只能勉强排第 30 位，仅有少数研究提出教学建议，如王强（2018）通过分析三套大学英语阅读教材的跨文化教学任务提出如何培养"批判性文化意识"等教学建议。

3 总 结

在吸收跨文化交际研究成果方面，H. Douglas Brown 所著的 *Principles of Language Learning and Teaching* 的六个版本可清晰地分为两个发展阶段。2000 年之前的三个版本讨论语言学习的社会文化因素时，是着眼于语言学习的效果，少量地借用人类学和文化人类学的研究成果。从 2000 版开始，文化学习逐渐得到重视。到 2007 版和 2014 版，文化教学或跨文化能力教学才被正式提上日程，借鉴的成果多数来自同时从事跨文化和语言教学的学者。这不是人们常说的某种转向，只是表明作为应用语言学者，H. Douglas Brown 逐渐认识到了跨文化研究特别是跨文化能力相关在语言学习中的角色。

语言教学专著 *Principles of Language Learning and Teaching* 六个版本的演化体现了 H. Douglas Brown 跟随理论前沿并且批判性地消化吸收的态度。在后教学法时代，这本专著仍然能够历久不衰，其长处在于它对教学原则的独到理解。他对跨文化研究的吸收就是很好的例证，代表了相当一部分外语教学领域的学者，他们从多个角度关注跨文化能力。（Risager，2011）

放眼同时期的整个语言教学领域，国内外学者对跨文化研究理论的吸收存在两个局限。一方面，当人类学家和跨文化学者简单化看待沃尔夫假说的时候，语言教学界亦步亦趋；当人类学家认识到其复杂性并开始批判性地看待它的时候，语言教学界却没有与之同步。另一方面，对理论的实践意义探索较少。以文化休克为例，虽然 H. Douglas Brown 很早就使用了不同于 K. Oberg 的语气，不将其视为病症而且能够吸收一些批判性的看法，但是他并没有针对实践操作探索相应的实践意义和原则，更没有从外语教学的社会文化维度去开展实证研究来证明或证伪。

总体而言，外语教学领域目前对跨文化交际研究的吸收和借鉴是远远不够的。上述跨文化交际研究的概念从不同角度为跨文化能力培养提供了思路：国内的外语教学研究学者需要吸收跨文化研究的最新成果；与此同时，针对具体的跨文化理论和研究发现，我们要批判地分析和验证，从中挖掘课程思政的教学资源，从而推进跨文化外语教学，更有效地培养学习者的跨文化能力。

参考文献：

[1] Ashour R Q. The cultural content of Arabic language reading textbooks in Jordan, grades (4–6) [D]. Ohio

University, 1997.

[2] Berry J. *Acculturation: A Personal Journey across Cultures* [M]. Cambridge: Cambridge University Press, 2019.

[3] Brown H D. *Principles of Language Learning and Teaching* [M]. Englewood Cliffs, New Jersey: Prentice-Hall, Inc., 1980.

[4] Brown H D. *Principles of Language Learning and Teaching* [M]. Englewood Cliffs, New Jersey: Prentice-Hall, 1993.

[5] Brown H D. *Principles of Language Learning and Teaching* [M]. New York: Longman, 2000.

[6] Brown H D. *Principles of Language Learning and Teaching* [M]. New York: Pearson Education, 2007.

[7] Brown H D. *Principles of Language Learning and Teaching* [M]. New York: Pearson Education, 2014.

[8] Clarke M, Losoff A, McCracken M, Rood D S. Linguistic Relativity And Sex/Gender Studies: Epistemological And Methodological Considerations [J]. *Language Learning,* 1984(2): 47–67.

[9] Diaz A. *Developing Critical Languaculture Pedagogies in Higher Education: Theory and Practice* [M]. Bristol: Multilingual Matters, 2013, ix–x.

[10] Ellis R. Language teaching materials as work plans [C]// Tomlinson B. *SLA Research and Materials Development for Language Learning.* New York: Routledge, 2016.

[11] Graci J P. Gender-role Portrayal In College Level Elementary Spanish Language Textbooks [D]. Harvard University, 1992.

[12] Guiora A. Language, personality and culture, or the Whorfian Hypothesis revisited [C]// Hines M, Rutherford W. *On TESOL '81.* Washington, DC: Teachers of English to Speakers of Other Languages, 1981.

[13] Hall E. *The Hidden Dimension* [M]. New York: Doubleday, 1990.

[14] Hofstede G. *Culture's Consequences: International Differences in Work-Related Values* [M]. Beverly Hills: Sage, 1980.

[15] Hofstede G, Hofstede G J. Hofstede, G. J. 2005 *Cultures and Organizations: Software of the Mind* (2nd ed.) [M]. New York: McGraw-Hill, 2005.

[16] Holliday A. Small cultures [J]. *Applied Linguistics,* 1999(2): 237–264.

[17] Mavrelis: Stereotypes and generalizations [C]// Bennett J. *The Sage Encyclopedia of Intercultural Competence.* Thousand Oaks: SAGE, 2015, 774–775.

[18] Gong Y, Holliday A. Cultures of change: appropriate cultural content in Chinese school textbook [C]. // Hyland K, Wong L. *Innovation and Change in English Language Education.* New York: Routledge, 2013: 44–57.

[19] Kubota R. Japanese Culture Constructed by Discourses: Implications for Applied Linguistics Research and ELT [J]. *TESOL Quarterly,* 1999(1): 9–35.

[20] Kumaravadivelu B. Problematizing Cultural Stereotypes in TESOL [J]. *TESOL Quarterly,* 2003(4): 709–719.

[21] Miller R L, Madani Y. Autostereotypes [C]//Keith Knneth D. *The Encyclopedia of Cross-Cultural Psychology*. John Wiley & Sons, Inc., 2013.

[22] Oberg K. Cultural Shock: Adjustment to new cultural environments [J]. *Practical Anthropology*, 1960 (7): 177–182.

[23] Risager K. The cultural dimensions of language teaching and learning [J]. *Language Teaching*, 2011(4): 485–499.

[24] Schwartz S J. Incoming editorial: Advancing intercultural research and standing on the shoulders of giants[J]. *International Journal of Intercultural Relations*, 2020, (74), A1–A6.

[25] UNESCO. *Investing in Cultural Diversity and Intercultural Dialogue* [M]. UNESCO Publishing, 2009, 41–42.

[26] van der Zee K, van Oudenhoven J. Culture shock or challenge? The role of personality as a determinant of intercultural Competence [J]. *Journal of Cross-Cultural Psychology*, 2013(6): 928–940.

[27] Wardhaugh R. *The Contexts of Language* [M]. Rowley, MA: Newbury House, 1976.

[28] Wierzbicka A. *Understanding Cultures through Their Key Words: English, Russian, Polish, German and Japanese* [M]. Oxford University Press, 1997.

[29] WWard C, Bochner S, Furnham A. *The Psychology of Culture Shock* [M]. Philadelphia, PA: Routledge, 2001.

[30] 陈国明 , 安然 . 跨文化传播学关键术语解读 [M]. 北京 : 中国社会科学出版社 , 2010.

[31] 从丛 . 中国文化失语 : 我国英语教学的缺陷 [N]. 光明日报 , 2000–10–19.

[32] 孙有中 . 外语教育与跨文化能力培养 [J]. 中国外语 , 2016(3): 1, 17–22.

[33] 孙有中 , Bennett J. 走向跨文化教育 : 孙有中教授和 J. M. Bennett 博士学术对话 [J]. 外语与外语教学 , 2017(2): 1–8.

[34] 王强 . 外语教学中的跨文化能力教育理念 : Michael Byram 教授访谈 [J]. 中国外语 , 2016(3): 12–17.

[35] 王强 . 中国高校英语专业精读教材评价研究 : 跨文化外语教学视角 [D]. 北京 : 北京外国语大学 , 2018.

[36] 夏文红 , 何芳 . 大学英语 "课程思政" 的使命担当 [J]. 人民论坛 , 2019(30): 108–109.

[37] 周学恒 , 战菊 . 从《要求》到《指南》: 解读《大学英语教学指南》中的课程设置 [J]. 中国外语 , 2016(1): 13–18.

作者简介：

　　王强，男，1982 年生，山西人，英语语言文学博士，讲师，现任职于扬州大学外国语学院，主要从事外语教材开发与评价、外语教学研究。

以德国五大超市为例分析商业广告语中言外行为类型的运用与功能

◎赵 珉

1 引 言

现代社会中，商业广告借助多种媒介，充斥着人类的日常生活。广告业者各展所能，力图在有限的篇幅内用简洁响亮或抓人眼球的语句来吸引观众／听众，"于道德、情感、理性三方面唤起认同"，（Schweiger/Schrattenecker，2001：185）促使其成为商品消费者，从而达到商业广告"推广、获利"这一最终目的。（Janich，2005：18）而这些广告的接受者对此的反应不尽相同：有人欣然接受，转而成为消费者；有人无动于衷，继续保持原本的消费习惯；甚至还会有人为认为广告语愚蠢无聊或矫揉造作，进而对所宣传商品产生反感厌恶情绪。就言语行为理论范畴而言，这个过程完整体现了三种言语行为，即言内行为、言外行为与言后行为。广告语句被印刷于纸张之上，或被宣于演员之口，这种词汇、语音的表述便是言内行为；商家力图唤起信息接收者对内容的认同，使其做出消费举动，这便是言外行为；而这些广告语带来的结果，即人们可能出现的消费、沉默或抵制举动，则可理解为言后行为。（Janich，2008：120）三种行为中，言外行为具有举足轻重的地位，它在一定程度上决定了说话者的言语效果，即产生何种言后行为。美国语言学家约翰·塞尔（John Searle）将言外行为分成了阐述、表达、指令、承诺及宣告五大类，这也是当前言语行为理论中言外行为的通用分类。抱着同一种真实目的，选用不同类别的言外行为，便可能产生不同效果的言后行为，影响商业广告语最终目标的实现情况。①

2 约翰·塞尔言外行为理论

2.1 理论研究历史简介

1962 年，约翰·奥斯丁首创言语行为理论，言语行为被明确地一分为三，即"以

---

① 若从会话含义理论角度分析，这一过程也可理解为，不同的言外行为类型，分别以何种作用机制，将隐含在言语中的真正意图传达出去，听话者以何种程度接收信息，从而如何影响真正意图的实现效果。

言指事"的言内行为、"以言行事"的言外行为以及"以言取效"的言后行为。这三种行为伴随着言语的表达同时发生，彼此相关。这其中，言外行为被认为是言语行为过程中的关键。(Austin，1972：170–181) 约翰·塞尔进一步发展了奥斯丁创立的理论。在其1975 年出版的著作 *A Taxonomy of Illocutionary Acts* 中，他明确了奥斯丁五大言外行为类型的划分标准，并在此基础上提出了更为完善的五种基本类型，即阐述（如断言、报道、通知等）、指令（如请求、命令、建议等）、承诺（如许诺、约定、威胁等）、宣告（如提名、解雇、命名等）以及表达（如感谢、问候、祝福等）五大类，这也成为当前言语行为理论框架下通用的言外行为基本类型。

2.2　五大言外行为类型分类标准

同奥斯丁一样，塞尔也将言外行为视为每一个言语行为过程的中心环节。他认为，言外行为是"人类语言交流沟通过程中的最小完整单位"，(Searle，2004：163) 同时也是"最小语义单位"。(Searle，2004：164) 为了整理完善不同类型的言外行为，他在 *A Taxonomy of Ilokutionary Acts* 一书中提出了十二项划分标准，下文为其中重要的三项：

言外之的（illocutionary point），指说话者希望通过自己的表述，达到何种交流目标，或产生何种实际效果。这一标准被视为区分言外行为类型的最为重要的一项。

适从向（direction of fit），着眼于主观言语与客观世界之间的关系，分析究竟是所述话语去适从客观现实（如新闻报道等），还是客观现实去适从话语（如许诺、请求等）。

表达心理状态（psychological states），指说话者出于何种内心状态而进行言语表述。一般而言，说话者在实施一个具有命题内容的行为时，都能体现自身的心理状态，如一个人在陈述理由时体现了自己的坚定信念，在发出命令时体现了内心的某种希冀，在道歉时则体现了某种懊恼与后悔。

2.3　言外行为五大基本类型

（1）阐述类：此类型的言外之的是使说话者对外界做出一个保证，保证其言语表述同真实情况相符。就适从向而言，在这一类行为中，主观话语适从于客观世界。就表达心理状态而言，阐述行为反映了说话者内心的某种较为坚定的信念。宣告、通知、描述、预测、断言、报道等动词均为阐述类言外行为的具体事例体现。

（2）指令类：此类型的言外之的在于，说话者试图通过言语，让听话者去进行某一行为。适从性为客观世界适从于言语，即让事实依据所表述的命题内容去发展变化。所体现的心理状态为一种愿望，说话者期待听话者在未来通过相应行为，实现其特定愿望。命令、建议、请求、推荐、问询、要求等动词均为指令类言外行为的具体事例体现。

（3）承诺类：同指令类行为的言外之的相反，承诺类行为的目的在于说话者试图通过言语，使自己去实施某一行为，或让自己承担起实施某一行为的责任，由此客观世界适从于主观言语。所体现的心理状态为一种意欲，说话者欲图在将来完成某一行为。许诺、协定、发誓、恐吓、打赌、约定、许愿等均为承诺类言外行为的具体事例体现。

（4）宣告类：这一行为一般发生在较为正式的机构体制范畴内，由某一权威人士来实施，言外之的在于将命题内容与事实情况结合统一。就适向性而言，言语与客观世界相互适从，且这一适从几乎是即刻完成。权威人士在宣告某事时表达出的对于此事的责任与担当，则是促使其进行该种行为的心理状态。解雇、定义、立下遗嘱、法庭无罪宣告、人选提名、新生儿洗礼命名等动词均为宣告类言外行为的具体事例体现。

（5）表达类：此类言外行为目的即说话人表达某种特定的思想或情感。与其他四种类型不同，在说话人实施表达类言外行为的过程中，言外之的与心理状态得到同时体现。而就适从向标准而言，言语与客观世界并没有适从关系。比如，在"谢谢您在工作中对我的支持"一句中，说话者目的既不是要表达"您支持我的工作"，也不想通过话语让"您"在未来"支持我"，只是基于一种命题的真实性（即已经发生了"您支持我的工作"这一事实），希望通过话语来表达自己的感谢之情。感谢、问候、祝贺、欢迎、控诉、诅咒等动词均为表达类言外行为的具体事例体现。

3 德国五大超市广告语分析

3.1 语料选择理由

本文在言语行为理论框架内，选取德国五家超市的广告宣传语作为研究对象，研究其所体现的言外行为类型，并分析其对言后行为可能产生的影响。之所以将其作为语料研究对象，原因有以下两点：首先，广告语均来自从事同一类商业活动的行业，语料分析具有可比性；其次，这五家超市为德国普通民众常去的消费场所，所售商品种类齐全，消费群体年龄层次范围较广，其广告语面向的目标人群数量庞大，且借助传统（如报纸、电视）或新兴（如互联网、App）媒介拥有多种发声渠道，频繁出现于受众视野之中，这保证了语料符合"代表性"这一选材标准。

3.2 实例分析

出于语用经济的考虑，广告语大多以短语而非一个较长的完整句的形式出现于公众视野，这种大量留白的表达给了人们相对较多的空间，以对其进行理解与研究。以下仅根据话语逻辑，分析其所属的主要言外行为类型及其功效。所选取商业广告语按超市名称首字母排列。

3.2.1 Kaufland: Hier bin ich richtig（我在这里，在这个正确的地方）

Kaufland 超市的这句广告词结构齐全，语义明确。该陈述句从顾客视角出发，以第一人称"我（ich）"发声。广告词配上热情的红色品牌标志或是明快的女声配音，向观众／听众传达着这样一个信息：来这里就是来对了地方，相信我吧，我说的就是事实。就适从向而言，基于自己亲身体验过了这里的商品与服务，才得出"这是购物正确的地方"这一结论，即言语适从于客观世界。与此同时，这句简短的广告词用明确清晰的表述，向"同属"消费者（或是潜在消费者）群体的听话人传达出一种发自内心的坚定的判断，即"来这里消费不会出错"。综合以上三点，Kaufland 广告语类型属于阐述类言外行为，超市方借"顾客"之口，以一种"断定／得出结论"的形式做出言语动作。不过，值得注意的是，此处发声的"顾客"并非现实生活中的消费者，而是一个虚拟出来的角色，其最终目的仍然是为处于幕后的超市方服务。努力说服听话者，使其相信"这里是对的地方"的，并不是真实的消费者；言语所表达的结论是否真的建立在亲身实践基础之上，即同客观世界相一致，也并不可知；而那种"来对了地方"的坚定信念，其实也只是超市方希望听话者感受到的。尽管如此，听话者却可能因为感觉与这个虚拟说话者属于同一群体，有了代入感，在情感选择中被不着痕迹地构建出一种相信，进而来到这里消费，这便是这一言外行为类型在Kaufland 广告语中所产生的效应。

3.2.2　Lidl: Lidl lohnt sich（Lidl 值得一去）

若从静态的文字角度分析，Lidl 超市广告语可被补充为：我觉得，Lidl 超市值得一去。这与 Kaufland 广告语一样，同属阐述类言外行为。虚构的"我"以类似朋友的亲密身份，用"亲自"体验过的"客观的、符合事实"的经历，努力向听话者保证"那里值得一去"，希望用自己的这一种坚信去感染听话者，促使其转为消费者。

不过，若人们通过电视或超市广播，听到过这句广告语被播音员动态播送，便会是另外一番理解。沉稳浑厚的男性声音，营造出一种庄重权威、颇有一锤定音感觉的气氛。再加上西装革履的代言人，出现在店内海报或荧幕上，如此听觉与视觉的组合强化，极容易促使信息接收者形成这样一种认知：在经过相关专业机构的深入考查之后，一位权威人士于公开场合出席，将 Lidl 认证为"值得一去"的超市，郑重地授予Lidl 这一荣誉。由此，在接收者潜意识中，广告语被自然而然地扩展补充如下：我宣布，Lidl 值得一去！从言外之的角度分析，这个男士运用他从浑厚有力嗓音中便可窥见一二的权威，在信赖其专业性的听话者中间顺利地实施"宣布"这一动作，Lidl 超市被成功地授予"值得一去"的光荣称号，广告语的命题内容与事实情况结合统一。就适从向而言，言语与事实相互适从。一方面，Lidl 的各项指标经过考核，确实"值得一去"，言语符合事实；另一方面，通过"宣告"，Lidl 获得这一荣誉，客观世界发生改变，且这个从无到有的获奖过程伴随着动作即刻发生。心理状态方面，权威宣布超市荣膺此项殊荣，表达了一种建立在专业性之上责任感与使命感。由以上三点可知，Lidl 超市广告语属于宣告类言外行为，借助一个被刻意伪装成"权威人士"的浑厚男声，行为得以实施。当然，既然这个权威声音是被刻意塑造，那他的最终目的便是为幕后的超市方服务。超市方假借权威之口，向听话者传达（甚至可用"灌输"一词）一个看严肃正确、不容反驳的消息，即 Lidl 担得起"值得一去"这个称号。在如此郑重其事、煞有介事的宣告行为下，听话者出于对（虚拟）专业机构的信赖，转而变成消费者。

3.2.3 Netto: günstig sind wir sowieso（不用说，我们总是如此价廉物美）

Netto 超市的这一广告语为完整的陈述句，主语、系动词及表语一应俱全，语义明确，故信息接收者无需对此进行补充理解。它以超市方作为第一人称叙述主体，对外宣称其商品价廉物美。且从句子结构分析，该句未遵循通用的"主语首位"句式，而是将表示"价格便宜、质量过硬"的形容词表语 günstig 放于句首，突出强调商品特质。就言外之的角度分析，说话者借助陈述句，描述为表象，宣称为实质，通过这一具体组合动作，向接收者保证自己的商品在品质及价格上具有何种优势，希望对方能够信服这一命题内容与事实情况相符合，进而可以做出相应消费行为。就适从向而言，广告语创设的说话主体以其特定主观角度出发，发表一个基于"事实"的结论，主观言语由此适从于客观世界。就表达心理而言，说话者在语言表达过程中，投射出自身对于所述言语真实性与正确性的坚信不疑。其中，副词 sowieso 在表示"不言而喻、理所应当"的意思之外，还是一种口语化的表达倾向，这就更淋漓尽致地展现了其内心出于对自身商品优势的深信而产生的自豪与自信。综合以上三点，Netto 超市广告语类型属于阐述类言外行为，以"描述/宣称"这一形式来实施具体的言语行为。行文至此，我们可以对 Kaufland 广告语做一简单回顾与比较。两句表述同样语义清晰、同属阐述类言外行为，只不过前者以虚构的顾客身份进行阐述，而本节的 Netto 广告语则从商家角度出发。虽然叙述主体不同，但在被视为区分言外行为类型最重要标准的言外之的这一方面，两者殊途同归，都希冀通过各自言语行为，对真正的消费者就商品及服务方面做出令人满意的保证，使其信服所阐述的信息内容。

3.2.4 Real: einmal hin, alles darin （一入店门，应有尽有）

Real 超市的这句广告语对仗工整且押韵，读起来朗朗上口，极易给人留下深刻印象。不过，由于德语句子以动词为中心词展开构成，可该短语中仅出现了副词与代词，所以此处留给听话者较多的理解空间，从而可以按照同样正确的逻辑，从不止一个角度，将这个短语补充为完整句。

首先，人们可以从超市角度出发，将其补充为我们承诺，若您进店购物，就能满载而归。就言外之的分析，说话者向外界描述，他将实施一个动作，即以其应有尽有的商品，给顾客良好的购物体验，具体说来，便是满足顾客所有的购物需求，使其拥有一次便捷而满意的消费过程。就适从向标准而言，进入店铺的顾客的客观世界将发生变化，他们会像广告语中所描述的那样，在这里购买到自己想要的所有商品与服务，享受到不留遗憾、尽兴而归的购物体验。超市方通过这个口号，向潜在客户群传达出一个明确信号，即"致力于提供满意服务"的坚定理念与目标。从以上三点可知，Real 广告语类型属于承诺类言外行为，说话者以"保证/许诺"的形式来实施具体的言语行为。

当然，鉴于动词的缺失，人们在理解过程中，还可能从消费者角度出发，将此广告语补充为我一入店门，发现里面商品应有尽有。这便是典型的阐述类言外行为，以"断

定 / 得出结论"的具体形式加以体现。故完整的广告语应为我发现，自己去一趟 Real，能在那里买到所有想要的东西。它向外界传达着这样一种言外之的：相信我，这里的货架上真的摆满了商品，不管是什么东西、怎样的价位，都能在这里找到。就适从向而言，说话者基于自己实地来过 Real，亲眼见识过了琳琅满目的货架，才得出"这里什么都有"这一结论，即言语适从于客观世界。此时，说话人内心状态是深信，他深信自己亲身感受过的这个现实。不过，Kaufland 一样，这里的说话者"我"也只是由广告商虚构、符合超市利益的"傀儡"，可听话者会因为同一种身份而产生亲近感，代入与说话者一致的心理状态，更容易被说服，相信言语所描绘的"应有尽有"这个"客观"世界，进而憧憬自己也同样能拥有一段尽兴的消费体验。由此，该广告语也就更加容易地实现其言外之的。

3.2.5　Rewe: besser leben（更好地生活）

Rewe 超市的德文广告语仅由两个单词构成，以超市方视角进行表述。动词"生活（leben）"以不定式原形形式出现，人们先想到的极有可能是由助动词加动词原形形式组成框架结构的第一将来时句式。据此对这句广告语进行补充，则为我们保证 / 许诺，我们的商品与服务能使您更好地生活。超市方许下承诺，自己会在未来去实施"为顾客提供更好生活"这一动作，这便是这个广告语的言外之的。就适从向标准而言，顾客的未来生活将会如广告语所言，变得或是更绿色健康，或是更经济实惠，或是更方便快捷，客观世界将随着这一言语，发生相应的变化，呈现出一种更加美好舒适的生活状态。与此同时，这个通过各种媒体频繁出现于公众视野之中的庄重承诺，反复向言语接收者传达了自己的一种决心，表达了一个坚定的意欲，即致力于为客户打造更高品质的生活。由以上三点可知，Rewe 广告语属于承诺类言外行为，超市方这一说话者以"保证 / 许诺"的形式做出言语动作。不过，细细想来，承诺中的"更好生活"这一动作究竟如何才能得以实施，"创造更好生活"的这一决心究竟如何才能得以成为现实，靠的并不是超市无条件的付出，而是消费者来超市进行购物，通过经济消费，购买到商品与服务，进而感受到依附于商品与服务之上的"更好"的感觉。换言之，顾客用金钱换得超市的实施行为，换得有可能的、依据广告语中的表达而发生的未来生活的改变。若将广告语充分补充完整，应为我们保证 / 许诺，若您购买了我们超市的商品与服务，将能更好地生活。由此可见，Rewe 超市这一承诺类言外行为的广告语非常巧妙地省略了"购买"这个动词，模糊了能使适从向成立的真正的动作执行者。广告语接收者有可能因此而以一种更加主动、积极的态度踏入 Rewe，去追求"更好的生活"，这便是这一言外行为类型在 Rewe 广告语中所产生的效应。此处，我们可以同上节 Real 超市广告语做一比较。以超市角度对 Real 广告语进行完整补充，可将其视为承诺类言外行为，这一类型与 Rewe 一致。不过，虽然属于同一类言外行为，但前者承诺的先是一个具体而形象的事物，即"店中的商品种类齐全，同种商品价格层次范围广"，进而自然地引导出"尽兴而归"的满意感，这与后者一步跳到对"使顾客更加美好地生活"这个抽象概念的直接承诺有所不同。此外，Real 还通过方向副词 dahin（去那儿），明确表达出了事实上承诺兑现的前提，即靠的还是顾客自己"走进店里"。可见，Real 选取一种更加直白、具体的方式，来强化承诺类言外行为对听话者的影响，而 Rewe 则采用相对迂回、婉转的方式，以略为抽象且诗意的承诺，来影响听话者做出实质性的消费举动。

4 结 语

出于语言交际效率考虑，超市广告语多采用短语而非完整句子，这就可能导致不同的信息接收者产生出不同的补充解读，进而影响广告语言外行为类型的划分。但综合言外之的、适从向以及表达心理这三个决定言外行为类型的重要划分标准分析，并考虑到具体使用语境的因素（如语气、语调、语速以及随之产生的不同代入感），以上五家德国大型超市的商业广告语中体现的主要言外行为类型如下（表1）。

表1

言外行为类型	商家
阐述类	Kaufland, Lidl*, Netto, Real*
指令类	–
承诺类	Real*, Rewe
宣告类	Lidl
表达类	–

（符号 * 表示该超市广告语具有另一重解读可能性）

从表格中可以直观发现，指令类与表达类这两种言外行为类型并未出现在所选取分析的语料中。前者以命令、请求等为具体动作，让听话者根据所表达的命题内容去创造客观世界，实现说话者的特定愿望，这在商业行为中无疑显得粗暴生硬；后者以感谢、问候等为具体动作，仅是一种基于以往事实的情感表达，言语与客观世界并无适从关系，故而在商业世界中又显得不具感召力。

在所出现的几种言外行为类型中，阐述类得到较为广泛的运用，它通常以宣称、描述、得出结论等具体动作或动作组合进行体现，通过主观言语适从于客观世界这一适从向机制的运作，使听话者认为自己接收的积极信息即是美好客观事实；承诺类数量次之，它通常以保证、许诺等具体动作或动作组合进行体现，通过客观世界适从于主观言语这一适从向机制运作，使听话者相信，自己所体验的客观世界将如所接受的积极信息一般美好；宣告类也占据一席之地，它借助语气语调的创造，虚拟出一个权威人士形象，以在公众场合的宣告为具体动作进行体现，通过言语与客观世界相互适从这一机制运作，使听话者在接收到积极信息的瞬间，即刻认为这些信息便是美好客观世界的反映，同时客观世界也正如主观言语所宣告般美好。不过，尽管言外行为类别不同，作用于信息接收者的方式方法不同，其终极目的却是相同的，即激发接收者对于信息内容的认同感，促使其做出消费举动，收获商家期待的言后行为。由此可见，语言学知识在商业领域的巧妙运用，对于释放消费潜能、达成商业目标具有巨大功效，其在生产消费领域的实践意义可见一斑。

参考文献：

[1] Austin John. *Zur Theorie der Sprechakte*[M]. Stuttgart: Reclam Philipp, 1972.

[2] Glück Helmut. *Metzler Lexikon Sprache. Illokution, Illokutiver Akt, Illokutionärer Akt*[M]. 4.Auflage. Stuttgart−Weimar: Metzler, 2010.

[3] Hindelang Götz. *Einführung in die Sprechakttheorie*[M]. 5. Auflage. Berlin/New York: Walter de Gruyter, 2010.

[4] Janich Nina. *Werbung* [M]. T ü bingen: Narr, 2005.

[5] Janich Ning. *Textlinguistik. 15. Einführungen*[M]. T ü bingen: Narr, 2008.

[6] Searle John R. *The Philosophy of Language*[M]. Oxford: Oxford University Press, 1971.

[7] John R. Searle. *A Taxonomy of Illocutionary Acts*[M]. Oxford: Oxford University Press, 1975.

[8] Searle John R. *Geist, Sprache und Gesellschaft*[M]. Frankfurt a. M.: Surkamp, 2004.

[9] Schweiger G. *Werbung*[M]. Stuttgart, Jena: UTB, 2001.

[10] 金立 . 合作与言语行为 [J]. 杭州师范大学学报 , 2007(3).

[11] 朱锦 . 德语语言学导论 [M]. 北京 : 外语教学与研究出版社 , 2016.

作者简介：

赵珉，女，1989 年 2 月生，浙江余姚人，跨文化日耳曼语言文学硕士，浙江越秀外国语学院西方语言学院讲师，主要从事跨文化、教学法研究。